法律单行本实用问题版丛书

19

U0872005

中华人民共和国
农村土地承包法

实用问题版

法律出版社大众出版编委会 / 编

法律出版社
LAW PRESS·CHINA

修订出版说明

本套丛书上市以来,深受读者喜爱,取得了良好的社会效益。

因相关法律法规的变化,为更好地满足读者的需求,我们结合一些新的法律规定以及市场反馈的信息、意见,对本套丛书进行了修订。

此次修订主要体现在以下几个方面:

1. 权威最新。此次修订根据《中华人民共和国宪法》《中华人民共和国民法总则》《中华人民共和国刑法修正案(九)》《中华人民共和国刑法修正案(十)》《最高人民法院关于适用〈中华人民共和国婚姻法〉若干问题的解释(二)的补充规定》《人力资源社会保障部关于执行〈工伤保险条例〉若干问题的意见(二)》《道路交通事故处理程序规定》等一批新出台或修订的法律法规、司法解释、规章制度对原稿进行修改完善,保证引用法律的准确性、权威性。

2. 编排合理。对丛书的体例进一步优化。调整部分专题内容设置,体现全面性、实用性。继续保持"主体法律、实用问题、关联法规、实用工具"四个部分,体例更清晰,也更符合读者的阅读和使用习惯。

3. 重点注释。对主体法律部分的"条文注解"进行了补充和完善,以帮助读者更好地理解重点法条。条文注解的内容均源于相关的法律法规、司法解释以及全国人大等相关权威部门对法律的释义。

4. 便捷实用。实用问题部分更加强调实用性。此次修改既根据新修订的法律法规对实用问题进行修正,又增加了老百姓生活中常见的问题,内容更丰富、问题更实用、解答更准确。特别补充完善了实用工具部分,收录了常用的文书范本、流程图表,便于读者使用。

带着问题学习法律，以法律解决实际问题！希望本套丛书能够为广大读者带来切实的法律帮助。但由于编者水平、精力有限，不完善之处在所难免，希望读者多提宝贵意见，以帮助我们修订、再版时加以完善。

宝贵意见请发至邮箱：dazhong@ lawpress. com. cn。

编者

2018 年 6 月

修订重印说明

2020 年 5 月 28 日《中华人民共和国民法典》通过，并将于 2021 年 1 月 1 日起施行。同时，2019 年 8 月 26 日全国人民代表大会修改了《中华人民共和国土地管理法》。这两部法律对土地法律制度进行新的调整和规定，此次重印根据上述法律规定进行了相应的修改和补充，以适用最新的法律规定。

编者

2020 年 8 月

目 录

实用问题

关联法规

实用工具

“县级以上地方人民政府农业农村、林业和草原等主管部门分别依照各自职责，负责本行政区域内农村土地承包经营及承包经营合同管理。

“乡（镇）人民政府负责本行政区域内农村土地承包经营及承包经营合同管理。”

六、将第十五条改为第十六条，增加一款，作为第二款：“农户内家庭成员依法平等享有承包土地的各项权益。”

七、将第十六条改为第十七条，修改为：“承包方享有下列权利：

“（一）依法享有承包地使用、收益的权利，有权自主组织生产经营和处置产品；

“（二）依法互换、转让土地承包经营权；

“（三）依法流转土地经营权；

“（四）承包地被依法征收、征用、占用的，有权依法获得相应的补偿；

“（五）法律、行政法规规定的其他权利。”

八、将第十七条改为第十八条，第一项修改为：“维持土地的农业用途，未经依法批准不得用于非农建设；”

九、将第二十条改为第二十一条，修改为：“耕地的承包期为三十年。草地的承包期为三十年至五十年。林地的承包期为三十年至七十年。

“前款规定的耕地承包期届满后再延长三十年，草地、林地承包期届满后依照前款规定相应延长。”

十、将第二十三条改为第二十四条，修改为：“国家对耕地、林地和草地等实行统一登记，登记机构应当向承包方颁发土地承包经营权证或者林权证等证书，并登记造册，确认土地承包经营权。

“土地承包经营权证或者林权证等证书应当将具有土地承包经营权的全部家庭成员列入。

全国人民代表大会常务委员会关于修改《中华人民共和国农村土地承包法》的决定

（2018年12月29日第十三届全国人民代表大会常务委员会第七次会议通过）

第十三届全国人民代表大会常务委员会第七次会议决定对《中华人民共和国农村土地承包法》作如下修改：

一、将第一条修改为："为了巩固和完善以家庭承包经营为基础、统分结合的双层经营体制，保持农村土地承包关系稳定并长久不变，维护农村土地承包经营当事人的合法权益，促进农业、农村经济发展和农村社会和谐稳定，根据宪法，制定本法。"

二、增加一条，作为第九条："承包方承包土地后，享有土地承包经营权，可以自己经营，也可以保留土地承包权，流转其承包地的土地经营权，由他人经营。"

三、将第十条修改为："国家保护承包方依法、自愿、有偿流转土地经营权，保护土地经营权人的合法权益，任何组织和个人不得侵犯。"

四、将第八条改为第十一条，修改为："农村土地承包经营应当遵守法律、法规，保护土地资源的合理开发和可持续利用。未经依法批准不得将承包地用于非农建设。

"国家鼓励增加对土地的投入，培肥地力，提高农业生产能力。"

五、将第十一条改为第十二条，修改为："国务院农业农村、林业和草原主管部门分别依照国务院规定的职责负责全国农村土地承包经营及承包经营合同管理的指导。

“登记机构除按规定收取证书工本费外，不得收取其他费用。”

十一、将第二章第四节的标题修改为：“土地承包经营权的保护和互换、转让”。

十二、将第二十六条改为第二十七条，第二款、第三款修改为：“国家保护进城农户的土地承包经营权。不得以退出土地承包经营权作为农户进城落户的条件。

“承包期内，承包农户进城落户的，引导支持其按照自愿有偿原则依法在本集体经济组织内转让土地承包经营权或者将承包地交回发包方，也可以鼓励其流转土地经营权。”

十三、将第二十七条改为第二十八条，第二款中的“农业等行政主管部门”修改为“农业农村、林业和草原等主管部门”。

十四、将第二十八条改为第二十九条，第三项修改为：“发包方依法收回和承包方依法、自愿交回的。”

十五、将第二十九条改为第三十条，修改为：“承包期内，承包方可以自愿将承包地交回发包方。承包方自愿交回承包地的，可以获得合理补偿，但是应当提前半年以书面形式通知发包方。承包方在承包期内交回承包地的，在承包期内不得再要求承包土地。”

十六、将第四十条改为第三十三条，修改为：“承包方之间为方便耕种或者各自需要，可以对属于同一集体经济组织的土地的土地承包经营权进行互换，并向发包方备案。”

十七、将第四十一条改为第三十四条，修改为：“经发包方同意，承包方可以将全部或者部分的土地承包经营权转让给本集体经济组织的其他农户，由该农户同发包方确立新的承包关系，原承包方与发包方在该土地上的承包关系即行终止。”

十八、将第三十八条改为第三十五条，修改为：“土地承包经营权互换、转让的，当事人可以向登记机构申请登记。未经登记，不得对抗善意第三人。”

十九、将第二章第五节的标题修改为："土地经营权"。

二十、将第三十二条和第三十四条合并为第三十六条，修改为："承包方可以自主决定依法采取出租（转包）、入股或者其他方式向他人流转土地经营权，并向发包方备案。"

二十一、增加一条，作为第三十七条："土地经营权人有权在合同约定的期限内占有农村土地，自主开展农业生产经营并取得收益。"

二十二、将第三十三条改为第三十八条，修改为："土地经营权流转应当遵循以下原则：

"（一）依法、自愿、有偿，任何组织和个人不得强迫或者阻碍土地经营权流转；

"（二）不得改变土地所有权的性质和土地的农业用途，不得破坏农业综合生产能力和农业生态环境；

"（三）流转期限不得超过承包期的剩余期限；

"（四）受让方须有农业经营能力或者资质；

"（五）在同等条件下，本集体经济组织成员享有优先权。"

二十三、将第三十六条改为第三十九条，修改为："土地经营权流转的价款，应当由当事人双方协商确定。流转的收益归承包方所有，任何组织和个人不得擅自截留、扣缴。"

二十四、将第三十七条和第三十九条第二款合并为第四十条，修改为："土地经营权流转，当事人双方应当签订书面流转合同。

"土地经营权流转合同一般包括以下条款：

"（一）双方当事人的姓名、住所；

"（二）流转土地的名称、坐落、面积、质量等级；

"（三）流转期限和起止日期；

"（四）流转土地的用途；

"（五）双方当事人的权利和义务；

"（六）流转价款及支付方式；

“（七）土地被依法征收、征用、占用时有关补偿费的归属；

“（八）违约责任。

“承包方将土地交由他人代耕不超过一年的，可以不签订书面合同。”

二十五、增加一条，作为第四十一条：“土地经营权流转期限为五年以上的，当事人可以向登记机构申请土地经营权登记。未经登记，不得对抗善意第三人。”

二十六、增加一条，作为第四十二条：“承包方不得单方解除土地经营权流转合同，但受让方有下列情形之一的除外：

“（一）擅自改变土地的农业用途；

“（二）弃耕抛荒连续两年以上；

“（三）给土地造成严重损害或者严重破坏土地生态环境；

“（四）其他严重违约行为。”

二十七、增加一条，作为第四十三条：“经承包方同意，受让方可以依法投资改良土壤，建设农业生产附属、配套设施，并按照合同约定对其投资部分获得合理补偿。”

二十八、将第三十九条第一款改为第四十四条，修改为：“承包方流转土地经营权的，其与发包方的承包关系不变。”

二十九、增加一条，作为第四十五条：“县级以上地方人民政府应当建立工商企业等社会资本通过流转取得土地经营权的资格审查、项目审核和风险防范制度。

“工商企业等社会资本通过流转取得土地经营权的，本集体经济组织可以收取适量管理费用。

“具体办法由国务院农业农村、林业和草原主管部门规定。”

三十、增加一条，作为第四十六条：“经承包方书面同意，并向本集体经济组织备案，受让方可以再流转土地经营权。”

三十一、增加一条，作为第四十七条：“承包方可以用承包地的土地经营权向金融机构融资担保，并向发包方备案。受让方通过流转取得的土地经营权，经承包方书面同意并向发包方备案，可以向金融机构融资担保。

“担保物权自融资担保合同生效时设立。当事人可以向登记机构申请登记；未经登记，不得对抗善意第三人。

“实现担保物权时，担保物权人有权就土地经营权优先受偿。

“土地经营权融资担保办法由国务院有关部门规定。”

三十二、将第四十五条改为第四十九条，修改为：“以其他方式承包农村土地的，应当签订承包合同，承包方取得土地经营权。当事人的权利和义务、承包期限等，由双方协商确定。以招标、拍卖方式承包的，承包费通过公开竞标、竞价确定；以公开协商等方式承包的，承包费由双方议定。”

三十三、将第四十六条改为第五十条，第一款修改为：“荒山、荒沟、荒丘、荒滩等可以直接通过招标、拍卖、公开协商等方式实行承包经营，也可以将土地经营权折股分给本集体经济组织成员后，再实行承包经营或者股份合作经营。”

三十四、将第四十七条改为第五十一条，修改为：“以其他方式承包农村土地，在同等条件下，本集体经济组织成员有权优先承包。”

三十五、将第四十九条改为第五十三条，修改为：“通过招标、拍卖、公开协商等方式承包农村土地，经依法登记取得权属证书的，可以依法采取出租、入股、抵押或者其他方式流转土地经营权。”

三十六、将第五十条改为第五十四条，修改为：“依照本章规定通过招标、拍卖、公开协商等方式取得土地经营权的，该承包人死亡，其应得的承包收益，依照继承法的规定继承；在承包期内，其继承人可以继续承包。”

三十七、将第五十三条改为第五十六条，修改为：“任何组织和个人侵害土地承包经营权、土地经营权的，应当承担民事责任。”

三十八、将第五十四条改为第五十七条，修改为："发包方有下列行为之一的，应当承担停止侵害、排除妨碍、消除危险、返还财产、恢复原状、赔偿损失等民事责任：

"（一）干涉承包方依法享有的生产经营自主权；

"（二）违反本法规定收回、调整承包地；

"（三）强迫或者阻碍承包方进行土地承包经营权的互换、转让或者土地经营权流转；

"（四）假借少数服从多数强迫承包方放弃或者变更土地承包经营权；

"（五）以划分'口粮田'和'责任田'等为由收回承包地搞招标承包；

"（六）将承包地收回抵顶欠款；

"（七）剥夺、侵害妇女依法享有的土地承包经营权；

"（八）其他侵害土地承包经营权的行为。"

三十九、将第五十六条改为第五十九条，修改为："当事人一方不履行合同义务或者履行义务不符合约定的，应当依法承担违约责任。"

四十、将第五十七条改为第六十条，修改为："任何组织和个人强迫进行土地承包经营权互换、转让或者土地经营权流转的，该互换、转让或者流转无效。"

四十一、将第五十八条改为第六十一条，修改为："任何组织和个人擅自截留、扣缴土地承包经营权互换、转让或者土地经营权流转收益的，应当退还。"

四十二、将第六十条改为第六十三条，修改为："承包方、土地经营权人违法将承包地用于非农建设的，由县级以上地方人民政府有关主管部门依法予以处罚。

"承包方给承包地造成永久性损害的，发包方有权制止，并有权要求赔偿由此造成的损失。"

四十三、增加一条，作为第六十四条："土地经营权人擅自改变土地的农业用途、弃耕抛荒连续两年以上、给土地造成严重损害或者严重破坏土地生态环境，承包方在合理期限内不解除土地经营权流转合同的，发包方有权要求终止土地经营权流转合同。土地经营权人对土地和土地生态环境造成的损害应当予以赔偿。"

四十四、将第六十一条改为第六十五条，修改为："国家机关及其工作人员有利用职权干涉农村土地承包经营，变更、解除承包经营合同，干涉承包经营当事人依法享有的生产经营自主权，强迫、阻碍承包经营当事人进行土地承包经营权互换、转让或者土地经营权流转等侵害土地承包经营权、土地经营权的行为，给承包经营当事人造成损失的，应当承担损害赔偿等责任；情节严重的，由上级机关或者所在单位给予直接责任人员处分；构成犯罪的，依法追究刑事责任。"

四十五、增加一条，作为第六十九条："确认农村集体经济组织成员身份的原则、程序等，由法律、法规规定。"

四十六、删去第四条第一款、第三十五条、第四十二条、第四十三条、第五十二条。

本决定自2019年1月1日起施行。

《中华人民共和国农村土地承包法》根据本决定作相应修改并对条款顺序作相应调整，重新公布。

中华人民共和国农村土地承包法

（2002 年 8 月 29 日第九届全国人民代表大会常务委员会第二十九次会议通过
2002 年 8 月 29 日中华人民共和国主席令第七十三号公布
根据 2009 年 8 月 27 日第十一届全国人民代表大会常务委员会
第十次会议《关于修改部分法律的决定》修正　根据 2018 年 12 月 29 日
第十三届全国人民代表大会常务委员会第七次会议《全国人民代表大会
常务委员会关于修改〈中华人民共和国农村土地承包法〉的决定》修正）

目　　录

第一章　总　　则

第一条　【立法目的】为了巩固和完善以家庭承包经营为基础、统分结合的双层经营体制，保持农村土地承包关系稳定并长久不变，维护农村土地承包经营当事人的合法权益，促进农业、农村经济发展和农村社会和谐稳定，根据宪法，制定本法。

第二条　【定义】本法所称农村土地，是指农民集体所有和国家所有依法由农民集体使用的耕地、林地、草地，以及其他依法用于农业的土地。

第三条　【土地承包方式】国家实行农村土地承包经营制度。

农村土地承包采取农村集体经济组织内部的家庭承包方式，不宜采取家庭承包方式的荒山、荒沟、荒丘、荒滩等农村土地，可以采取招标、拍卖、公开协商等方式承包。

条文注解

农村土地承包经营制度包括两种承包方式，即家庭经营方式的承包和以招标、拍卖、公开协商等方式的承包。所谓家庭承包方式，是指以农村集体经济组织的每一个农户家庭全体成员为一个生产经营单位，作为承包人承包农民集体的耕地、林地、草地等农业用地，对于承包地按照本集体经济组织成员人人平等地享有一份的方式进行承包。其主要有以下特点：一是集体经济组织的每个人，无论男女老少，都平均享有承包本集体的农村土地的权利，除非他自己放弃这个权利。二是以户为生产经营单位承包，也就是以一个农户家庭的全体成员作为承包方，与本集体经济组织或者村委会订立一个承包合同。承包户家庭中的成员死亡，只要这个承包户还有其他人在，承包关系仍不变，由这个承包户中的其他成员继续承包。三是承包的农村土地主要是指耕地、林地和草地，但不限于耕地、林地、草地，凡是本集体经济组织的农村土地都应当人人有份，都应当实行家庭承包的方式。

但也有例外，有些农业用地并不是本集体经济组织成员都有份的，如菜地、养殖水面，由于数量少，在本集体经济组织内做不到人人有份，只能由少数农户来承包；有的“四荒地”虽多，但本集体经济组织成员有的不愿承包，有的根据自己的能力承包的数量不同。这些不宜采取家庭承包方式的农村土地，可以采取招标、拍卖、公开协商等方式承包。这些承包方式都是以自愿、公开、公正为原则，透明度高，便于群众监督，防止“暗箱操作”，能够合理地利用这些农村土地。

第四条 【土地所有权不变】农村土地承包后,土地的所有权性质不变。承包地不得买卖。

第五条 【保护土地承包权】农村集体经济组织成员有权依法承包由本集体经济组织发包的农村土地。

任何组织和个人不得剥夺和非法限制农村集体经济组织成员承包土地的权利。

第六条 【保护妇女土地承包权】农村土地承包,妇女与男子享有平等的权利。承包中应当保护妇女的合法权益,任何组织和个人不得剥夺、侵害妇女应当享有的土地承包经营权。

条文注解

农村妇女在农村土地承包中的权利,主要体现在以下几个方面:(1)作为农村集体经济组织的成员,妇女同男子一样有权承包本集体经济组织发包的土地,即妇女与男子在土地承包经营权上是平等的法律主体。(2)本集体经济组织在发包土地时,应当按照家庭人口数不论男女来确定承包土地的份额。不能因为是妇女而不许其承包土地,也不能因为是妇女而不分配给其应有承包地份额。(3)妇女结婚的,其承包土地的权利受法律保护。若结婚后妇女在新居住地未获得承包土地,发包方不得收回其从原集体经济组织获得的承包土地。(4)在妇女离婚或者丧偶的情况下,仍在原居住地生活或者不在原居住地生活但在新居住地未取得承包地的,原集体经济组织不得收回该妇女已经取得的原承包地。

对非法剥夺、侵害农村妇女依法享有的土地承包经营权的,受侵害的妇女可以向发包方,如村集体经济组织、村委会或者村民小组主张自己的权利。还可以向农村土地承包仲裁机构申请仲裁,或直接向人民法院起诉,要求侵权方承担停止侵害、恢复原状、排除妨害、赔偿损失等民事责任,以维护自己承包土地的合法权益。

为了更好地保护农村妇女的土地承包权益,借鉴一些地方开展土地承包经营权确权登记的做法,新法第24条规定,土地承包经营权证或者林权证等证书应当将具有土地承包权的全部家庭成员列入,进一步明确了妇女应该享有的土地承包权益。

但有一个问题需要说明。目前，一些地方按照尊重历史、兼顾现实、群众认可的原则，统筹考虑户籍、土地承包关系等因素，进行农村集体经济组织成员身份确定工作，解决成员边界不清的问题。鉴于土地承包经营权是农村集体经济组织成员的财产性权利，农村集体经济组织成员身份又是获得土地承包经营权的前提条件，为解决实践中的急迫需要新法第69条规定，确认农村集体经济组织成员身份的原则、程序等，由法律、法规另行规定。

第七条　【土地承包原则】农村土地承包应当坚持公开、公平、公正的原则，正确处理国家、集体、个人三者的利益关系。

第八条　【保护承包双方合法权益】国家保护集体土地所有者的合法权益，保护承包方的土地承包经营权，任何组织和个人不得侵犯。

第九条　【土地承包经营权流转】承包方承包土地后，享有土地承包经营权，可以自己经营，也可以保留土地承包权，流转其承包地的土地经营权，由他人经营。

第十条　【土地经营权流转的保护】国家保护承包方依法、自愿、有偿流转土地经营权，保护土地经营权人的合法权益，任何组织和个人不得侵犯。

条文注解

2016年10月30日，中共中央办公厅、国务院办公厅印发了《关于完善农村土地所有权承包权经营权分置办法的意见》，该意见是为进一步健全农村土地产权制度，推动新型工业化、信息化、城镇化、农业现代化同步发展，现就完善农村土地所有权、承包权、经营权分置办法提出的意见。在“三权分置”下，所有权、承包权和经营权既存在整体效用，又有各自功能。“三权分置”是继家庭联产承包责任制后农村改革又一重大制度创新。目前，农村已有30%以上的承包农户在流转承包地，流转面积4.79亿亩。为此，新法规定，以家庭承包方式取得的土地承包经营权在流转中分为土地承包权和土地经营权。同时，明确了土地承包权和土地经营权的权能。土地经营权流转后，为了加强对土地承包权的保护，新法第44条规定，承包土地的经营权流转后，承包方与发包方的承包关系不变，承包方的土地承包权不变。

第十一条 【承包后合理利用】农村土地承包经营应当遵守法律、法规,保护土地资源的合理开发和可持续利用。未经依法批准不得将承包地用于非农建设。

国家鼓励增加对土地的投入,培肥地力,提高农业生产能力。

第十二条 【各级行政主管部门职责】国务院农业农村、林业和草原主管部门分别依照国务院规定的职责负责全国农村土地承包经营及承包经营合同管理的指导。

县级以上地方人民政府农业农村、林业和草原等主管部门分别依照各自职责,负责本行政区域内农村土地承包经营及承包经营合同管理。

乡(镇)人民政府负责本行政区域内农村土地承包经营及承包经营合同管理。

第二章 家庭承包

第一节 发包方和承包方的权利和义务

第十三条 【发包方】农民集体所有的土地依法属于村农民集体所有的,由村集体经济组织或者村民委员会发包;已经分别属于村内两个以上农村集体经济组织的农民集体所有的,由村内各该农村集体经济组织或者村民小组发包。村集体经济组织或者村民委员会发包的,不得改变村内各集体经济组织农民集体所有的土地的所有权。

国家所有依法由农民集体使用的农村土地,由使用该土地的农村集体经济组织、村民委员会或者村民小组发包。

条文注解

农民集体所有土地发包方的确定有三种情况:(1)农民集体所有的土地依法

属于村农民集体所有的，由村集体经济组织或者村民委员会发包。这里的“村”指行政村，即设立村民委员会的村，而不是指自然村。农民集体所有的土地依法属于村农民集体所有，是指属于行政村农民集体所有。(2)已经分别属于村内两个以上农村集体经济组织的农民集体所有的，由村内各该农村集体经济组织或者村民小组发包。这里的村民小组，是指行政村内由村民组成的组织，它是村民自治共同体内部的一种组织形式，相当于原生产队的层次。本条规定“已经分别属于村内两个以上农村集体经济组织的农民集体所有的”土地，是指该土地原先分别属于两个以上的生产队，现在其土地仍然分别属于相当于原生产队的各该农村集体经济组织或者村民小组的农民集体所有。(3)村集体经济组织或者村民委员会发包的，不得改变村内各集体经济组织农民集体所有的土地的所有权。这里的“村内各集体经济组织农民集体所有的土地”，指的是前面提到的“已经分别属于村内两个以上农村集体经济组织的农民集体所有的”土地。按照谁所有谁发包的原则，应当由村内各该农村集体经济组织或者村民小组发包。但是，许多村民小组也不具备发包的条件，或者由其发包不方便，实践中由村集体经济组织或者村民委员会代为发包，但并不能因此改变所有权关系。

第十四条　【发包方权利】发包方享有下列权利：

(一)发包本集体所有的或者国家所有依法由本集体使用的农村土地；

(二)监督承包方依照承包合同约定的用途合理利用和保护土地；

(三)制止承包方损害承包地和农业资源的行为；

(四)法律、行政法规规定的其他权利。

第十五条　【发包方义务】发包方承担下列义务：

(一)维护承包方的土地承包经营权，不得非法变更、解除承包合同；

(二)尊重承包方的生产经营自主权，不得干涉承包方依法进行正常的生产经营活动；

(三)依照承包合同约定为承包方提供生产、技术、信息等服务；

(四)执行县、乡(镇)土地利用总体规划，组织本集体经济组织内的农业基础设施建设；

（五）法律、行政法规规定的其他义务。

第十六条　【承包方】家庭承包的承包方是本集体经济组织的农户。

农户内家庭成员依法平等享有承包土地的各项权益。

第十七条　【承包方权利】承包方享有下列权利：

（一）依法享有承包地使用、收益的权利，有权自主组织生产经营和处置产品；

（二）依法互换、转让土地承包经营权；

（三）依法流转土地经营权；

（四）承包地被依法征收、征用、占用的，有权依法获得相应的补偿；

（五）法律、行政法规规定的其他权利。

第十八条　【承包方义务】承包方承担下列义务：

（一）维持土地的农业用途，未经依法批准不得用于非农建设；

（二）依法保护和合理利用土地，不得给土地造成永久性损害；

（三）法律、行政法规规定的其他义务。

第二节　承包的原则和程序

第十九条　【承包原则】土地承包应当遵循以下原则：

（一）按照规定统一组织承包时，本集体经济组织成员依法平等地行使承包土地的权利，也可以自愿放弃承包土地的权利；

（二）民主协商，公平合理；

（三）承包方案应当按照本法第十二条的规定，依法经本集体经济组织成员的村民会议三分之二以上成员或者三分之二以上村民代表的同意；

（四）承包程序合法。

第二十条 【承包程序】土地承包应当按照以下程序进行：

（一）本集体经济组织成员的村民会议选举产生承包工作小组；

（二）承包工作小组依照法律、法规的规定拟订并公布承包方案；

（三）依法召开本集体经济组织成员的村民会议，讨论通过承包方案；

（四）公开组织实施承包方案；

（五）签订承包合同。

第三节 承包期限和承包合同

第二十一条 【承包期】耕地的承包期为三十年。草地的承包期为三十年至五十年。林地的承包期为三十年至七十年。

前款规定的耕地承包期届满后再延长三十年，草地、林地承包期届满后依照前款规定相应延长。

第二十二条 【承包合同内容】发包方应当与承包方签订书面承包合同。

承包合同一般包括以下条款：

（一）发包方、承包方的名称，发包方负责人和承包方代表的姓名、住所；

（二）承包土地的名称、坐落、面积、质量等级；

（三）承包期限和起止日期；

（四）承包土地的用途；

（五）发包方和承包方的权利和义务；

（六）违约责任。

第二十三条 【承包合同生效】承包合同自成立之日起生效。承包方自承包合同生效时取得土地承包经营权。

第二十四条 【承包经营权证】国家对耕地、林地和草地等实行统一登记,登记机构应当向承包方颁发土地承包经营权证或者林权证等证书,并登记造册,确认土地承包经营权。

土地承包经营权证或者林权证等证书应当将具有土地承包经营权的全部家庭成员列入。

登记机构除按规定收取证书工本费外,不得收取其他费用。

第二十五条 【不得随意变更承包合同】承包合同生效后,发包方不得因承办人或者负责人的变动而变更或者解除,也不得因集体经济组织的分立或者合并而变更或者解除。

第四节 土地承包经营权的保护和互换、转让

第二十六条 【不得利用职权干涉土地承包】国家机关及其工作人员不得利用职权干涉农村土地承包或者变更、解除承包合同。

第二十七条 【承包权的合理收回】承包期内,发包方不得收回承包地。

国家保护进城农户的土地承包经营权。不得以退出土地承包经营权作为农户进城落户的条件。

承包期内,承包农户进城落户的,引导支持其按照自愿有偿原则依法在本集体经济组织内转让土地承包经营权或者将承包地交回发包方,也可以鼓励其流转土地经营权。

承包期内,承包方交回承包地或者发包方依法收回承包地时,承包方对其在承包地上投入而提高土地生产能力的,有权获得相应的补偿。

条文注解

党的十八届五中全会决定提出,维护进城落户农民土地承包权、宅基地使用权、集体收益分配权,支持引导其依法自愿有偿转让上述权益。为此,本条删除了

关于承包方全家迁入设区的市，转为非农业户口的，应将承包地交回发包方的规定。鉴于城乡人口结构的变革是一个较长的历史过程，现阶段农民进城务工、落户的情况也十分复杂，按照中央关于推进农业转移人口市民化的要求，本条第2款规定，维护进城务工农民的土地承包经营权，不得以退出土地承包权作为农民进城落户的条件，是否保留土地承包经营权，由农民选择而不代替农民选择。承包方全家迁入城镇落户，纳入城镇住房和社会保障体系，丧失农村集体经济组织成员身份的，支持引导其按照国家有关规定自愿有偿交回土地承包权或转让土地承包权益。

第二十八条　【承包权的合理调整】承包期内，发包方不得调整承包地。

承包期内，因自然灾害严重毁损承包地等特殊情形对个别农户之间承包的耕地和草地需要适当调整的，必须经本集体经济组织成员的村民会议三分之二以上成员或者三分之二以上村民代表的同意，并报乡（镇）人民政府和县级人民政府农业农村、林业和草原等主管部门批准。承包合同中约定不得调整的，按照其约定。

条文注解

根据本条的规定，在发包期内发包方一般不得调整承包地。但实践中，对因各种特殊情形如自然灾害等造成人地矛盾突出的问题，一些地方尊重大多数农民意愿，因地制宜，分类施策，在坚持稳定土地承包关系的基础上，会对个别农户之间的耕地和草地进行适当的调整。为进一步规范对个别农户之间承包的耕地和草地的适当调整，本条规定了严格的标准：必须坚持土地承包关系稳定、不得打乱重分的原则；必须经本集体经济组织成员的村民会议2/3以上成员或者2/3以上村民代表的同意，并报乡（镇）人民政府和县级人民政府农业等行政主管部门批准。此外，需要特别注意的是，如果承包合同中约定了不得调整的，应按照其约定。

第二十九条　【可用于调整承包的土地】下列土地应当用于调整承包土地或者承包给新增人口：

（一）集体经济组织依法预留的机动地；

（二）通过依法开垦等方式增加的；

（三）发包方依法收回和承包方依法、自愿交回的。

第三十条 【自愿交回承包地】承包期内，承包方可以自愿将承包地交回发包方。承包方自愿交回承包地的，可以获得合理补偿，但是应当提前半年以书面形式通知发包方。承包方在承包期内交回承包地的，在承包期内不得再要求承包土地。

第三十一条 【妇女婚姻状况变更不影响承包权】承包期内，妇女结婚，在新居住地未取得承包地的，发包方不得收回其原承包地；妇女离婚或者丧偶，仍在原居住地生活或者不在原居住地生活但在新居住地未取得承包地的，发包方不得收回其原承包地。

条文注解

保护妇女在土地承包中的合法权益包含以下内容：(1)承包期内，妇女结婚的，妇女嫁入方所在村应当尽量解决其土地承包问题，如果集体经济组织有依法预留的机动地、通过依法开垦等方式增加的土地或者承包方依法、自愿交回的土地，可以分给嫁入妇女一份承包地。没有上述土地，在因人地矛盾突出等特殊情形依法对个别农户之间承包的土地进行小调整时，应当分给嫁入妇女一份承包地。如果当地既没有富余的土地，又不进行小调整，而是实行“增人不增地，减人不减地”的办法，则出嫁妇女原籍所在地的发包方不得收回其原承包地。这样做就保证了出嫁妇女无论在何种情况下都能拥有一份承包地。(2)妇女离婚或者丧偶，仍在原居住地生活的，其已取得的承包地应当由离婚或者丧偶妇女继续承包，发包方不得收回；不在原居住地生活的，新居住地的集体经济组织应当尽量为其解决承包土地问题，如可以在依法进行小调整时分给离婚或者丧偶妇女一份承包地，离婚或者丧偶妇女在新居住地未取得承包地的，原居住地的发包方不得收回其原承包地。

第三十二条 【承包继承】承包人应得的承包收益，依照继承法的规定继承。

林地承包的承包人死亡，其继承人可以在承包期内继续承包。

条文注解

承包地虽然不允许继承，但承包人应得的承包收益，如已收获的粮食、未收割的农作物，作为承包人的个人财产，则应当依照《民法典》继承编的规定，自承包人死亡时开始继承，而不必等到承包经营的家庭消亡时才开始继承。前文继承的问题，主要指耕地和草地，关于林地能否继承的问题本条第2款作了规定。允许林地继承，与规定林地不得收回和调整的原因一致，主要是考虑林地的承包经营与耕地、草地的承包经营相比有其特殊性。由于林业生产经营周期和承包期长、投资大、收益慢、风险大，也由于林木所有权的继承与林地不能分离；如果不允许林地继承，不利于调动承包人的积极性，还可能出现滥砍滥伐，破坏生态环境的情况。而且，承包人可能对林地做了长年、大量的投入，在刚刚开始获得收益时去世，不允许其继承人继承也是不合理的。因此，林地承包人死亡的，其继承人可以在承包期内继续承包。林地的继承也应当按照《民法典》继承编的规定，无论继承人另有林地承包经营权，或是在另一农村集体经济组织落户，还是取得城市户口、在城市就业，在承包期内，都有权继承。应当注意的是，同耕地和草地一样，林地承包也是以户为生产经营单位的，家庭中部分成员死亡的，也不发生继承的问题，应由家庭中的其他成员继续承包。

第三十三条　【土地承包经营权互换】承包方之间为方便耕种或者各自需要，可以对属于同一集体经济组织的土地承包经营权进行互换，并向发包方备案。

第三十四条　【土地承包经营权转让】经发包方同意，承包方可以将全部或者部分的土地承包经营权转让给本集体经济组织的其他农户，由该农户同发包方确立新的承包关系，原承包方与发包方在该土地上的承包关系即行终止。

第三十五条　【土地承包经营权互换、转让的程序】土地承包经营权互换、转让的，当事人可以向登记机构申请登记。未经登记，不得对抗善意第三人。

第五节　土地经营权

第三十六条　【土地经营权流转】承包方可以自主决定依法采取出租(转包)、入股或者其他方式向他人流转土地经营权,并向发包方备案。

条文注解

为落实党的十八届三中全会提出的“允许农民以承包经营权入股发展农业产业化经营”的精神,本条增加了土地经营权可以入股从事农业产业化经营的规定。鉴于土地经营权入股发展农业产业化经营尚处于探索阶段,实践中的做法也不尽相同,为此,本条只作出原则性规定,具体将依实践发展需要再由行政法规规范。

第三十七条　【土地经营权的内容】土地经营权人有权在合同约定的期限内占有农村土地,自主开展农业生产经营并取得收益。

第三十八条　【土地经营权流转的原则】土地经营权流转应当遵循以下原则:

(一)依法、自愿、有偿,任何组织和个人不得强迫或者阻碍土地经营权流转;

(二)不得改变土地所有权的性质和土地的农业用途,不得破坏农业综合生产能力和农业生态环境;

(三)流转期限不得超过承包期的剩余期限;

(四)受让方须有农业经营能力或者资质;

(五)在同等条件下,本集体经济组织成员享有优先权。

第三十九条　【流转费用及收益归属】土地经营权流转的价款,应当由当事人双方协商确定。流转的收益归承包方所有,任何组织和个人不得擅自截留、扣缴。

第四十条　【流转合同的形式和内容】土地经营权流转，当事人双方应当签订书面流转合同。

土地经营权流转合同一般包括以下条款：

（一）双方当事人的姓名、住所；

（二）流转土地的名称、坐落、面积、质量等级；

（三）流转期限和起止日期；

（四）流转土地的用途；

（五）双方当事人的权利和义务；

（六）流转价款及支付方式；

（七）土地被依法征收、征用、占用时有关补偿费的归属；

（八）违约责任。

承包方将土地交由他人代耕不超过一年的，可以不签订书面合同。

第四十一条　【土地经营权登记】土地经营权流转期限为五年以上的，当事人可以向登记机构申请土地经营权登记。

第四十二条　【流转合同的解除】承包方不得单方解除土地经营权流转合同，但受让方有下列情形之一的除外：

（一）擅自改变土地的农业用途；

（二）弃耕抛荒连续两年以上；

（三）给土地造成严重损害或者严重破坏土地生态环境；

（四）其他严重违约行为。

第四十三条　【受让方的投入和补偿】经承包方同意，受让方可以依法投资改良土壤，建设农业生产附属、配套设施，并按照合同约定对其投资部分获得合理补偿。

第四十四条　【土地经营权流转不影响承包关系】承包方流转土地经营权的，其与发包方的承包关系不变。

第四十五条　【社会资本参与流转相关制度建立】县级以上地方人民政府应当建立工商企业等社会资本通过流转取得土地经营权的

资格审查、项目审核和风险防范制度。

工商企业等社会资本通过流转取得土地经营权的,本集体经济组织可以收取适量管理费用。

具体办法由国务院农业农村、林业和草原主管部门规定。

第四十六条　【土地经营权的再流转】经承包方书面同意,并向本集体经济组织备案,受让方可以再流转土地经营权。

第四十七条　【土地经营权的融资担保】承包方可以用承包地的土地经营权向金融机构融资担保,并向发包方备案。受让方通过流转取得的土地经营权,经承包方书面同意并向发包方备案,可以向金融机构融资担保。

担保物权自融资担保合同生效时设立。当事人可以向登记机构申请登记;

实现担保物权时,担保物权人有权就土地经营权优先受偿。

土地经营权融资担保办法由国务院有关部门规定。

条文注解

关于土地经营权的融资担保。根据相关规范性文件规定,土地承包经营权和土地经营权都可以向金融机构抵押担保融资。鉴于实践中抵押担保融资的情况复杂,操作方式多样,加之各方面对土地经营权的性质认识分歧较大,本条使用了"融资担保"的概念,包含了抵押和质押等多种情形,既解决农民向金融机构融资缺少有效担保物的问题,又保持了与担保法等法律规定的一致性。本条规定,承包方可以用承包土地经营权向金融机构融资担保。第三方通过流转取得的土地经营权,经承包方或其委托代理人书面同意,也可以向金融机构融资担保。

第三章　其他方式的承包

第四十八条　【其他承包方式的法律适用】不宜采取家庭承包方式的荒山、荒沟、荒丘、荒滩等农村土地，通过招标、拍卖、公开协商等方式承包的，适用本章规定。

第四十九条　【承包合同内容的协商】以其他方式承包农村土地的，应当签订承包合同，承包方取得土地经营权。当事人的权利和义务、承包期限等，由双方协商确定。以招标、拍卖方式承包的，承包费通过公开竞标、竞价确定；以公开协商等方式承包的，承包费由双方议定。

第五十条　【承包或股份经营】荒山、荒沟、荒丘、荒滩等可以直接通过招标、拍卖、公开协商等方式实行承包经营，也可以将土地经营权折股分给本集体经济组织成员后，再实行承包经营或者股份合作经营。

承包荒山、荒沟、荒丘、荒滩的，应当遵守有关法律、行政法规的规定，防止水土流失，保护生态环境。

条文注解

承包荒山、荒沟、荒丘、荒滩（以下简称“四荒”）的，应当遵守有关法律、行政法规的规定，防止水土流失，保护生态环境。无论采用哪种方式治理开发“四荒”，都必须遵守有关法律、法规和政策。不准在25°以上的陡坡上开荒种植农作物，不准破坏植被、道路和农田水利、水土保持工程设施。不得进行掠夺式开发，不得将“四荒”改为非农用途，以免造成新的水土流失，违者要按有关规定予以处罚。对违约逾期不治理开发的，农村集体经济组织应无偿收回。“四荒”地拍卖、承包、租赁和股份合作的主要目的是治理水土流失、改善生态环境、促进可持续发展。“四荒”资源治理开发的重点应放在生态建设上，根据治理水土流失的需要可以用于农业，也可以用于造林、种草和相关的工程措施，要尽可能避免对“四荒"进行大范围的开垦种田。

第五十一条　【优先承包权】以其他方式承包农村土地,在同等条件下,本集体经济组织成员有权优先承包。

条文注解

所谓同等条件,即本集体经济组织内部成员和外部竞包者同时参与承包权的竞争,在两者农业技术力量、资金状况、信誉状况、承包费用等条件相当的情况下,本集体经济组织内部成员优先取得该土地的承包权。在两者资信、技术等条件有所差异的情况下,当然应采取择优选用的标准,而绝不是当然的将土地包给条件处于劣势的本集体经济组织内部成员。否则就违背了招标、拍卖、公开协商所强调的公开性、公正性和程序性的原则。因此,不能简单地认为在以其他方式承包土地的情况下,本集体经济组织内部成员一定享有优先权,这里的优先是以"同等条件"为前提的。在与本集体经济组织外的单位或个人竞争承包权时,本集体经济组织内部成员与外部竞争者具有同等的竞争条件时,发包方才可将土地优先承包给本集体经济组织内部成员。

第五十二条　【本集体经济组织以外单位、个人的承包】发包方将农村土地发包给本集体经济组织以外的单位或者个人承包,应当事先经本集体经济组织成员的村民会议三分之二以上成员或者三分之二以上村民代表的同意,并报乡(镇)人民政府批准。

由本集体经济组织以外的单位或者个人承包的,应当对承包方的资信情况和经营能力进行审查后,再签订承包合同。

第五十三条　【允许承包流转】通过招标、拍卖、公开协商等方式承包农村土地,经依法登记取得权属证书的,可以依法采取出租、入股、抵押或者其他方式流转土地经营权。

第五十四条　【允许承包继承】依照本章规定通过招标、拍卖、公开协商等方式取得土地经营权的,该承包人死亡,其应得的承包收益,依照继承法的规定继承;在承包期内,其继承人可以继续承包。

第四章　争议的解决和法律责任

第五十五条　【承包纠纷解决方式】因土地承包经营发生纠纷的，双方当事人可以通过协商解决，也可以请求村民委员会、乡（镇）人民政府等调解解决。

当事人不愿协商、调解或者协商、调解不成的，可以向农村土地承包仲裁机构申请仲裁，也可以直接向人民法院起诉。

第五十六条　【侵权民事责任】任何组织和个人侵害土地承包经营权、土地经营权的，应当承担民事责任。

第五十七条　【发包方的侵权责任】发包方有下列行为之一的，应当承担停止侵害、排除妨碍、消除危险、返还财产、恢复原状、赔偿损失等民事责任：

（一）干涉承包方依法享有的生产经营自主权；

（二）违反本法规定收回、调整承包地；

（三）强迫或者阻碍承包方进行土地承包经营权的互换、转让或者土地经营权流转；

（四）假借少数服从多数强迫承包方放弃或者变更土地承包经营权；

（五）以划分“口粮田”和“责任田”等为由收回承包地搞招标承包；

（六）将承包地收回抵顶欠款；

（七）剥夺、侵害妇女依法享有的土地承包经营权；

（八）其他侵害土地承包经营权的行为。

第五十八条　【违规约定无效】承包合同中违背承包方意愿或者违反法律、行政法规有关不得收回、调整承包地等强制性规定的约定无效。

条文注解

本条是关于承包合同有关内容无效的规定。发包方与承包方签订土地承包合同，首先，应当遵守《民法典》的规定，如一方不得将自己的意志强加给另一方。行使权利、履行义务应当遵循诚实信用的原则。订立、履行合同，应当遵守法律、行政法规，尊重公序良俗，不得扰乱社会经济秩序，损坏社会公共利益。依法成立的合同，对当事人具有法律约束力。当事人应当按照合同约定履行自己的义务，不得擅自变更或者解除合同。其次，发包方与承包方在签订土地承包合同时还应当遵守本法的有关规定，如本法明确规定，农村土地承包应当遵守法律、法规。承包方的土地承包经营权受国家保护，任何组织和个人不得侵犯。对于承包地收回和调整，本法规定：承包期内，承包方全家迁入设区的市，转为非农业户口的，应当将承包的耕地和草地交回发包方。承包方不交回的，发包方可以收回承包的耕地和草地。除这一情况外，承包期内，发包方不得收回承包地。承包期内，如果承包方进入城镇落户的，应当按照承包方的意愿，保留其土地承包经营权或者允许其依法进行土地承包经营权流转。承包期内，发包方不得调整承包地。但承包期内，因自然灾害严重毁损承包地等特殊情形对个别农户之间承包的耕地和草地需要适当调整的，必须经本集体经济组织成员的村民会议2/3以上成员或者2/3以上村民代表的同意，并报乡（镇）人民政府和县级人民政府农业等行政主管部门批准。承包合同中约定不得调整的，按照其约定。承包期内，妇女结婚，在新居住地未取得承包地的，发包方不得收回其原承包地；妇女离婚或者丧偶，仍在原居住地生活或者不在原居住地生活但在新居住地未取得承包地的，发包方不得收回其原承包地。如果发包方与承包方签订的承包合同中有违背上述规定的内容收回、调整承包地的，该合同内容无效。即本条规定的“承包合同中违背承包方意愿或者违反法律、行政法规有关不得收回、调整承包地等强制性规定的约定无效。”

第五十九条　【违约责任】条当事人一方不履行合同义务或者履行义务不符合约定的，应当依法承担违约责任。

第六十条　【强迫互换、转让、流转无效】任何组织和个人强迫进行土地承包经营权互换、转让或者土地经营权流转的，该互换、转让或者流转无效。

第六十一条　【互换、转让、流转收益的退还】任何组织和个人擅自截留、扣缴土地承包经营权互换、转让或者土地经营权流转收益的，应当退还。

第六十二条　【刑事责任】违反土地管理法规，非法征收、征用、占用土地或者贪污、挪用土地征收、征用补偿费用，构成犯罪的，依法追究刑事责任；造成他人损害的，应当承担损害赔偿等责任。

条文注解

《刑法》第342条规定，违反土地管理法规，非法占用耕地、林地等农用地、改变被占用土地用途，数量较大，造成耕地、林地等农用地大量毁坏的，处5年以下有期徒刑或者拘役，并处或者单处罚金。第410条规定，国家机关工作人员徇私舞弊，违反土地管理法规，滥用职权，非法批准征用、占用土地，或者非法低价出让国有土地使用权，情节严重的，处3年以下有期徒刑或者拘役；致使国家或者集体利益遭受特别重大损失的，处3年以上7年以下有期徒刑。

第六十三条　【承包方、土地经营权人的违法责任】承包方、土地经营权人违法将承包地用于非农建设的，由县级以上地方人民政府有关主管部门依法予以处罚。

承包方给承包地造成永久性损害的，发包方有权制止，并有权要求赔偿由此造成的损失。

第六十四条　【土地经营权人的违法责任】土地经营权人擅自改变土地的农业用途、弃耕抛荒连续两年以上、给土地造成严重损害或者严重破坏土地生态环境，承包方在合理期限内不解除土地经营权流转合同的，发包方有权要求终止土地经营权流转合同。土地经营权人对土地和土地生态环境造成的损害应当予以赔偿。

第六十五条　【国家机关及其工作人员的违法责任】国家机关及其工作人员有利用职权干涉农村土地承包经营，变更、解除承包经营合同，干涉承包经营当事人依法享有的生产经营自主权，强迫、阻碍承包经营当事人进行土地承包经营权互换、转让或者土地经营权流转等侵害土地承包经营权、土地经营权的行为，给承包经营当事人造成损失的，应当承担损害赔偿等责任；情节严重的，由上级机关或者所在单位给予直接责任人员处分；构成犯罪的，依法追究刑事责任。

条文注解

《土地管理法》第80条规定，侵占、挪用被征收土地单位的征地补偿费用和其他有关费用，构成犯罪的，依法追究刑事责任；尚不构成犯罪的，依法给予行政处分。第84条规定，自然资源主管部门、农业农村主管部门的工作人员玩忽职守、滥用职权、徇私舞弊，构成犯罪的，依法追究刑事责任；尚不构成犯罪的，依法给予行政处分。

《刑法》第397条规定，国家机关工作人员滥用职权或者玩忽职守，致使公共财产、国家和人民利益遭受重大损失的，处3年以下有期徒刑或者拘役；情节特别严重的，处3年以上7年以下有期徒刑。本法另有规定的，依照规定。国家机关工作人员徇私舞弊，犯前款罪的，处5年以下有期徒刑或者拘役；情节特别严重的，处5年以上10年以下有期徒刑。本法另有规定的，依照规定。

第五章　附　　则

第六十六条　【本法施行前的承包效力】本法实施前已经按照国家有关农村土地承包的规定承包，包括承包期限长于本法规定的，本法实施后继续有效，不得重新承包土地。未向承包方颁发土地承包经营权证或者林权证等证书的，应当补发证书。

第六十七条　【机动地】本法实施前已经预留机动地的，机动地面积不得超过本集体经济组织耕地总面积的百分之五。不足百分之五的，不得再增加机动地。

本法实施前未留机动地的，本法实施后不得再留机动地。

第六十八条　【实施办法】各省、自治区、直辖市人民代表大会常务委员会可以根据本法，结合本行政区域的实际情况，制定实施办法。

第六十九条　【集体组织成员身份】确认农村集体经济组织成员身份的原则、程序等，由法律、法规规定。

第七十条本　【施行日期】法自 2003 年 3 月 1 日起施行。

实用问题

第一章　一般规定

1. 我国现行土地承包与管理的法律法规有哪些?

我国现行土地承包与管理的主要法律法规:一是宪法。二是法律。《民法典》规定了调整土地财产关系的基本法律制度;《土地管理法》全面规定了调整土地关系的主要法律制度;《农村土地承包法》全面规定了调整农村土地承包关系的主要法律制度。此外,《农业法》《森林法》《草原法》《水法》《渔业法》《村民委员会组织法》《拍卖法》《招标投标法》《城市规划法》《刑法》都不同程度地涉及了调整土地承包关系的内容。三是行政法规。由国务院根据宪法和法律的授权制定,并在全国施行。四是地方性法规。由省、自治区、直辖市人民代表大会及其常委会,在不与宪法、法律、行政法规相抵触的前提下制定,在本地区适用。五是土地、农业管理部门行政规章。六是地方政府规章。

2.《农村土地承包法》中的"三权分置"是什么?

2018 年《农村土地承包法》修改的一个重要内容,就是在原来的集体土地所有权、土地承包经营权的"两权"基础上,从土地承包经营权中分离出一个权利——土地经营权。改革开放之初,在农村实行家庭联产承包责任制,将土地所有权和承包经营权分设,所有权归集体,承包经营权归农户,极大地调动了亿万农民积极性,有效解决了温饱问题,农村改革取得重大成果。现阶段深化农村土地制度改革,顺应农民保留土地承包权、流转土地经营权的意愿,将土地承包经营权分为承包权和经营权,实行所有权、承包权、经营权分置并行,着力推进农业现代化,是继家庭联产承包责任制后农村改革又一重大制度创新。简而言之,这次修改农村土地承包法,主要就是为了将农村土地实行“三权分置”的制度法制化。

所谓“三权分置”，针对的是农村集体经济组织内部的家庭承包方式而进行的一个制度设计。第一个是所有权，即农村的土地归农民集体所有，土地管理法和物权法对此都有明确规定。第二个是土地承包经营权，即农村集体经济组织成员依法承包由本集体经济组织发包的农村土地以后，就享有了土地承包经营权。对此，修改前的农村土地承包法和物权法都有规定。第三个就是此次新设的权利——土地经营权。农村土地经营权是从农村土地承包经营权中分离出的一项权能，就是承包农户将其承包土地流转出去，由其他组织或者个人经营，其他组织或者个人取得土地经营权。

“三权分置”的设想是承包的农户承包土地以后，不但可以在本集体经济组织内部转让承包地，还可以向外部的受让人流转承包地，而且流转以后，要使受让人获得权利保障。这样既有利于促进适度规模经营，进一步发挥农村土地资源的效率，也有利于增加农民的财产收入。

3. 什么是农村土地承包经营制度？

农村土地承包经营包括两种承包方式：一是家庭承包经营；二是招标、拍卖、公开协商等方式的承包。家庭承包经营方式是指，以农村集体经济组织的每一个农户家庭全体成员为一个生产经营单位，作为承包人承包集体的耕地、林地、草地等农业用地，本集体经济组织的成员每人都享有一份。只有对不宜采取家庭承包的方式承包的“四荒”土地，才能采用招标、拍卖、公开协商等方式进行承包。

农村土地承包经营制度，赋予了农民自主经营权，极大地调动了他们的生产积极性，解放了农村劳动生产力，促进了农业、农村经济和国民经济的发展，是一项建设中国特色社会主义农业的经营制度，必须长期坚持。

4.《农村土地承包法》对于土地经营权都有哪些制度设计？

作为《农村土地承包法》2018 年修订后确立的一项新的权利，该法做了相关制度设计：

一是在总则提出了土地经营权的概念，同时也表达了整个制度设计的理论基础，即承包方既可以自己经营，也可以由他人经营。流转承包地的土地经营权，就是由他人经营的一个实现方式。

二是规定了流转的方式。新法规定，承包方可以自主决定依法采取出租（转包）、入股或者其他的方式，向他人流转土地经营权，并向发包方备案。

三是明确土地经营权登记制度。新法明确，土地经营权流转期限为五年以上的，当事人可以向登记机构申请土地经营权登记，未经登记，不得对抗善意第三人。

四是规定了土地经营权的融资担保。根据新法，一方面，承包方可以用承包地的土地经营权向金融机构融资担保。另一方面，土地经营权流转的受让方，通过流转取得的土地经营权，经过承包方的书面同意并向发包方备案，也可以向金融机构融资担保。融资担保以后，就发生了担保物权的效力。当事人就可以向登记机构申请登记。作为担保物权人的金融机构，有权就土地经营权优先受偿。

此外，关于土地经营权这一部分，新法中还增加了关于土地经营权流转合同的订立和解除，社会资本通过流转取得土地经营权的资格审查制度等其他方面的内容。

5. 为什么说农村土地承包经营制度必须长期坚持？

农村土地承包经营制度，赋予了农民自主经营权，极大地调动了他们的生产积极性，解放了农村劳动生产力，促进了农业、农村经济和国民经济的发展，是一项建设有中国特色社会主义农业的经营制度，必须长期坚持。

(1)实行农村土地承包经营制度,使农户获得充分的经营自主权,能够极大地调动农民的生产积极性,符合生产关系要适应生产力发展要求的规律。

(2)农村土地承包经营方式既适应传统农业,也适应农业现代化发展的要求。

(3)农民有了生产经营自主权,不仅极大地调动了他们种粮、种棉的积极性,而且使他们从当地的实际和市场的需求出发,积极调整生产结构,种植适销对路的其他经济作物,饲养优质的家禽家畜,开发新的产品,大力发展农村多种经营。

(4)土地既是农业最基本的生产资料,也是农民最可靠的社会保障。

(5)长期稳定农村土地承包经营,是我国国民经济发展的重要保障。我国的改革是从农村开始的,农村改革取得的重大成功,为城市改革和其他方面改革的顺利进行积累了重要经验,奠定了良好基础。

6. 家庭承包方式与其他方式的承包有哪些区别?

《农村土地承包法》第 3 条第 2 款规定,农村土地承包采取农村集体经济组织内部的家庭承包方式,不宜采取家庭承包方式的荒山、荒沟、荒丘、荒滩等农村土地,可以采取招标拍卖、公开协商等方式承包。我国法律规定的家庭承包是集体经济组织内部人人有份的承包,主要有三个特点:一是以集体经济组织内部的农户家庭为单位承包,不是以联户、专业队或者个人为单位进行承包。二是确定每户的承包地数量时,采取按人口平均分配的方法,集体经济组织成员人人有份,体现公平原则,发包方不能选择承包方,承包地具有强烈的社会保障和福利功能。三是家庭承包的土地主要是耕地、草地和林地。除家庭承包以外,通过招标、拍卖、公开协商等方式承包的,称为其他方式的承包,主要有四个特点：一是既可以是联户、专业队、个人为单位进行承包，也可以以家庭为单位进行承包。二是承包方不限于集体经济组织内部的农户和个人。三是承包的方法不是人人有份的平均承包，而是通过招标、拍卖、公开协商等方式，由最有经营能力（出价最高或者经营条件最适宜）的人承包。发包方按照“效率为主，兼顾公平”的原则选择承包人。四是承包的土地主要是“四荒”以及果园、茶园、桑园、养殖水面等不太适宜按照家庭承包方式进行承包的土地。综上所述，家庭承包与其他方式的承包在承包的主体、方法、原则和承包地的功能等方面，都存在重要区别。准确理解和在实际工作中把握家庭承包方式与其他承包方式的区别至关重要。

7. 实行农村土地承包后，土地的所有权性质有没有变化？

我国农村实行的是家庭承包为基础统分结合的双层经营体制，土地等生产资料的所有权归农民集体所有，农户通过承包取得的是对集体土地的使用权。首先，这种从集体土地所有权中分离出来的土地使用权，并没有改变土地集体所有的性质。土地承包经营权流转，并不是处分土地的所有权，而是在不改变土地的所有权的性质和土地的农业用途的前提下进行，一是转让土地承包经营权需要发包方同意；二是只能转让给从事农业生产经营的农户；三是原承包方与发包方的土地承包关系终止，受让方需与发包方签订新的承包合同。其次，家庭承包经营是集体经济组织内部的一个经营层次，不能把它和集体统一经营对立起来，实践证明，只有实行土地集体所有、家庭承包经营，使用权和所有权分离，建立统分结合的双层经营体制，才是促进生产力发展的农村集体所有制的有效形式。

8.《农村土地承包法》中农村土地包括哪些？

凡是由农民集体所有或者使用，用于农业生产，又适合承包的土地和水面，都属于本法所称的农村土地。具体说来，注意以下两点：

（1）土地的性质。

主要是农民集体所有的土地，也包括部分国家所有依法由农民集体使用的土地。

（2）土地的用途。

既可能是耕地、林地、草地，也可能是“其他”用于农业的土地。这里的“其他土地”主要有以下两种：①养殖水面，主要是指用于养殖水产品的水面；②“四荒地”，主要是指荒山、荒丘、荒沟、荒滩等荒地。

9. 农村集体经济组织成员指哪些人？

农村集体经济组织成员，是指本集体经济组织内的所有成员。只要一出生，无论年长年幼、是男是女，没有年龄和性别要求。任何组织和个人不得以民族、种族、性别、职业、家庭出身、宗教信仰、教育程度、财产状况、居住期限等理由，剥夺和非法限制成员的土地承包权。

但有一个问题需要说明。目前，一些地方按照尊重历史、兼顾现实、群众认可的原则，统筹考虑户籍、土地承包关系等因素，进行农村集体经济组织成员身份确定工作，解决成员边界不清的问题。鉴于土地承包经营权是农村集体经济组织成员的财产性权利，农村集体经济组织成员身份又是获得土地承包经营权的前提条件，为解决实践中的急迫需要，《农村土地承包法》第69条规定，确认农村集体经济组织成员身份的原则、程序等，由法律、法规另行规定。

10. 对农村妇女的土地承包经营权保护有何规定？

农村土地承包，妇女与男子享有平等的权利。承包中应当保护妇女的合法权益，任何组织和个人不得剥夺、侵害妇女应当享有的土地承包经营权。

《农村土地承包法》第31条规定，“承包期内，妇女结婚，在新居住地未取得承包地的，发包方不得收回其原承包地；妇女离婚或者丧偶，仍在原居住地生活或者不在原居住地生活但在新居住地未取得承包地的，发包方不得收回其原承包地。”

此次修法还有一大亮点不得不提，就是对农村妇女的土地承包经营权进行了特殊保护。新的农村土地承包法新增加了两项规定：一是规定承包农户内家庭成员依法平等享有承包土地的各项权益。二是土地承包经营权证和林权证，这些证书应当将具有土地承包经营权的全部家庭成员列入。

我国实行土地集体所有采取的是集体经济组织内部家庭承包方式，承包家庭的成员平等地享有承包土地的各项权益。这就是说，无论是妇女、小孩还是老人，都要平等地享有土地的各项权益。修订后的《农村土地承包法》特别体现了这条，这也是对妇女权益保护的一种强调。

妇女结婚，新居住地未取得承包地的，发包方不能收回其原承包地，妇女离婚、丧偶，仍在原居住地生活，或不在原居住地生活，但在新居住地没取得承包地的，发包方也不能收回她的承包地。这些规定都是对妇女承包经营权加强了保护。

11. 如何确认土地所有权？

根据《土地管理法》等法律规定，农村和城市郊区的土地，除由法律规定属于国家所有的以外，属于农民集体所有；宅基地和自留地、自留山，属于农民集体所有。农民集体所有有三种形式：一是村农民集体所有；二是村内两个以上农村集体经济组织所有；三是乡（镇）农民集体所有。对农民集体所有的土地，土地所有者或者发包者向土地所在地的县级人民政府土地行政主管部门提出土地登记申请，由县级人民政府登记，确定农民体所有的土地的权属性质、面积、坐落，核发集体土地所有权证书，确认所有权。如有争议，可要求县级人民政府土地行政主管部门确认所有权，或者向人民法院提起确权之诉。

12. 什么叫农业用途？什么叫非农建设？

国家将土地分为农用地、建设用地和未利用地。农用地是指直接用于农业生产的土地，包括耕地、林地、草地、农田水利用地、养殖水面等。建设用地是指建造建筑物、构筑物的土地，包括城乡住宅和公共设施用地、工矿用地、交通水利设施用地、旅游用地、军事设施用地等。未利用地是指农用地和建设用地以外的土地。所以，农业用途是指将土地直接用于农业生产，从事种植业、林业、畜牧业、渔业生产。非农建设是指将土地用于农业生产目的以外的建设活动。如不得在耕地上建窑、建坟，或者擅自在耕地上建房、挖砂、采石、采矿、取土等；不得占有基本农田发展林果业和挖塘养鱼。

13. 什么叫征用？什么叫占用？

我国《宪法》规定，国家为了公共利益的需要，可以依法对集体所有土地实行征用。也就是说，一定条件下，农户承包的集体所有的土地可以被依法征用。所以，征用是指国家为了保证社会公共事业或者公益事业的发展，体现全社会的长远利益，将集体所有的土地转化为国有，主要用于能源、交通、水利、军事设施等。对土地的征用一般需要满足四个条件：(1)征地必须是一种政府行为，其他任何单位和个人都无权征用。(2)征地必须依法取得批准。(3)征地行为必须向社会公开，接受社会的监督。根据《土地管理法》的规定，征地方案必须向集体经济组织和村民公告和公开。(4)征用土地必须是为了社会公共利益。占用是指为了兴办乡镇企业、建设乡(镇)村公共设施、公益事业和村民住宅等，经依法批准使用集体经济组织农民集体所有的土地。

14. 承包地被征用、占用后如何得到补偿？

《土地管理法》及有关政策规定，征用耕地的补偿费用包括土地补偿费、安置补助费,以及地上附着物和青苗的补偿费。土地补偿费,按被征地原用途补偿,标准为该耕地被征用前3年平均年产值的6~10倍,归土地所有者所有,纳入公积金管理,用于被征地农民参保、发展生产、公益性建设,不得平分到户,也不得列为集体经济债务清欠资金。安置补助费,按被征地原用途补偿,标准为该耕地被征用前3年平均年产值的4~6倍,最高不得超过15倍,归需安置人员,用于被征地的承包人的生活安置,已被安置的安置补助费,归安置单位。土地补偿费和安置补助费的总和最高不得超过土地被征用前3年平均年产值的30倍。地上附着物和青苗的补偿费,按照附着物的实际价值和当季作物的产值计算,归承包人所有或者依照《土地经营权流转合同》的约定进行分配。

15. 家庭承包后承包方如何取得土地承包经营权证书?

土地承包经营权证书,是确认承包方享有土地承包经营权的法律凭证,是调解、仲裁和审理土地承包经营纠纷的证据,受国家法律的保护。《农村土地承包法》第24条规定,国家对耕地、林地和草地等实行统一登记,登记机构应当向承包方颁发土地承包经营权证或者林权证等证书,并登记造册,确认土地承包经营权。土地承包经营权证或者林权证等证书应当将具有土地承包经营权的全部家庭成员列入。登记机构除按规定收取证书工本费外,不得收取其他费用。也就是说,承包方与发包方签订承包合同后,不用主动向有关部门申请登记发证,而是由登记机构依法向承包方颁发土地承包经营权证书,同时将土地的使用权属、用途、面积、坐落等情况登记在专门的簿册上,以确认土地承包经营权。

16. 什么叫依法保护和合理利用土地?什么叫永久性损害?

依法保护土地,是指对土地生产能力进行保护,保证土地生态环境的良好性能和质量。合理利用土地，是指承包方在使用土地的过程中，通过科学使用土地，使得土地的利用与其自然的、社会的特征相适应，充分发挥土地要素在生产活动中的作用，以获得最佳的经济、生产、生态的综合效益。永久性损害，是指使土地不再具有生产能力，不能再被利用的损害。

17. 为什么对耕地、草地、林地的承包期限要分别作出不同的规定？

承包期限是指农村土地承包经营权存续的期限，在这个期限内，承包方享有土地承包经营权，依照法律的规定和合同的约定，行使权利，承担义务。《农村土地承包法》第20条规定，耕地的承包期为30年，草地的承包期为30～50年，林地的承包期为30～70年，特殊林木的林地，经国务院林业行政主管部门批准还可以延长。之所以作出这种区分，主要是考虑到不同性质土地的投资收益期限差别较大。一般来说，在耕地上进行投资见效比较快，大多数情况下，当年投入当年就能取得收益。草地的投资需要数年时间才能取得收入，而且一般能够持续多年获得收益。林地的投资回报期限更长，通常需要数年、十多年才能取得收益，有的林木的生长期长达七八十年，在幼树成长阶段基本没有收益，必须规定更长的承包期，才能更好地保护承包方的收益权，调动承包方植树造林的积极性。

18. 土地承包经营权如何继承？

《农村土地承包法》对此的规定主要有两点：(1)所有应得的承包收益，继承人都可以继承。(2)林地承包和通过拍卖、招标等方式取得的承包经营权的承包人死亡的，其继承人可以在承包期内继续承包。

土地承包是以农户家庭为单位的，承包人是农户家庭，而不是家庭中的某个成员。承包人死亡是指承包户家庭成员均已死亡。

承包耕地、草地的家庭中，一个成员死亡，其他成员还在，不发生继承问题，仍由其他成员承包；家庭成员均已死亡，承包经营权终止，也不发生继承问题。

由于林地的承包有收益慢、周期长、风险大的特点，林地的承包人死亡，承包户以外的继承人可以在承包期内继续承包。

19.《农村土地承包法》对“机动地”是如何规定的？

《农村土地承包法》对“机动地”的规定有两点：(1)“机动地”的面积：不得超过本集体经济组织成员耕地总面积的5%；不足5%的，不得再增加。(2)留“机动地”的时间：本法实施前未留机动地的，本法实施后不得再留机动地。

20. 农村集体经济组织成员资格有哪些取得方式？

取得农村集体经济组织成员资格一般有以下几种方式：(1)因亲缘关系取得，包括出生在本集体经济组织成员家庭的；因结婚进入本集体经济组织的、并将户口迁入，且原集体经济组织将其原承包地收回的；被本集体成员收养，且户口迁入本集体经济组织的。(2)集体经济组织接纳取得，主要指将户口迁移至本集体经济组织居住，能够承担相应义务和交纳公共积累，经本集体经济组织村民会议2/3以上成员或者2/3以上村民代表同意接纳的。(3)因国家政策迁入，在特定历史时期因国防和其他国家项目建设原因迁入，通常要求迁入者系为从事农业生产。

21. 在哪些情况下农村集体经济组织成员资格会丧失？

在以下情况下农村集体经济组织成员资格会丧失：(1)农村集体经济组织成员死亡的；(2)因取得新的集体经济组织成员资格，自动丧失原先具有的其他集体成员资格；(3)取得设区市非农业户口；(4)取得非设区市或城镇非农业户口，且纳入国家公务员序列或者城镇企业职工社会保障体系，但原集体经济组织明确表示保留集体成员资格的除外。

22. 哪些人员不能认定为丧失农村集体经济组织成员资格？

以下人员不能认定丧失成员资格：(1)解放军、武警部队的现役义务兵和符合国家有关规定的士官；(2)高等院校、中等职业学校的在校学生；(3)正在服刑的人员；(4)因合法原因没有分得承包地，只能挂账的农户（并非空挂户）；(5)被非法剥夺承包权的农户。

第二章　承包中的权利义务

23. 谁是发包方？

农民集体所有土地发包方的确定有三种情况：(1)农民集体所有的土地依法属于村农民集体所有的，由村集体经济组织或者村民委员会发包。这里的“村”指行政村，即设立村民委员会的村，而不是指自然村。农民集体所有的土地依法属于村农民集体所有，是指属于行政村农民集体所有。(2)已经分别属于村内两个以上农村集体经济组织的农民集体所有的，由村内各该农村集体经济组织或者村民小组发包。这里的村民小组，是指行政村内由村民组成的组织，它是村民自治共同体内部的一种组织形式，相当于原生产队的层次。《农村土地承包法》第13条规定的“已经分别属于村内两个以上农村集体经济组织的农民集体所有的”土地，是指该土地原先分别属于两个以上的生产队，现在其土地仍然分别属于相当于原生产队的各该农村集体经济组织或者村民小组的农民集体所有。(3)村集体经济组织或者村民委员会发包的，不得改变村内各集体经济组织农民集体所有的土地的所有权。这里的“村内各集体经济组织农民集体所有的土地”，指的是前面提到的"已经分别属于村内两个以上农村集体经济组织的农民集体所有的"土地。按照谁所有谁发包的原则,应当由村内各该农村集体经济组织或者村民小组发包。但是,许多村民小组也不具备发包的条件,或者由其发包不方便,实践中由村集体经济组织或者村民委员会代为发包,但并不能因此改变所有权关系。对国家所有依法由农民集体使用的土地,由农村集体经济组织、村民委员会或村民小组发包,具体由谁发包,应当根据该土地的具体使用情况而定。

24. 谁是承包方?

农户是《农村土地承包法》规定的承包方。家庭承包中,人人有份分配承包地,按户组成一个生产经营单位作为承包方。强调承包方是本集体经济组织的农户,主要是针对农村集体的耕地、草地和林地等适宜家庭承包的土地。

根据《农村土地承包法》第三章的规定,不宜用家庭承包方式的"四荒地"可以通过招标、拍卖、公开协商的方式,由集体经济组织以外的单位或个人承包,作为承包方。

对农户内的成员分家析产的,一些地方的实际做法是单独成户的成员可以对原家庭承包的土地进行分配。

25. 发包方享有哪些权利?

根据《农村土地承包法》第 14 条的规定,发包方主要有以下三大权利:

(1)发包权:发包权是发包方其他权利的前提。

(2)监督权:监督承包方按承包合同约定合理使用土地和保护土地。

(3)制止权:对承包方损害土地和农业资源的行为加以制止。

除了以上权利外,根据《农业法》《土地管理法》《森林法》《草原法》等法律及行政法规的规定，发包方还享有一些其他权利。

26. 发包方承担哪些义务？

根据《农村土地承包法》第15条的规定，发包方的义务主要有以下四项：

(1)维护的义务：维护承包方的土地承包经营权，不得非法变更、解除合同。

(2)尊重的义务：尊重承包方的经营自主权，不得非法干涉承包方正常的生产经营活动。

(3)服务的义务：按合同约定提供生产、技术、信息等服务。

(4)执行的义务：执行县乡土地利用总体规划，组织本集体经济组织内的农业基础设施建设。

除了以上义务，根据《农业法》《土地管理法》《森林法》《草原法》等法律及行政法规的规定，发包方还要承担一些其他义务。

27. 承包方享有哪些权利？

根据《农村土地承包法》第17条、第36条、第38条的规定，承包方主要享有以下五项权利：

(1)使用收益权：有权使用土地，有权享有对承包地产生的收益。

(2)依法互换、转让土地承包经营权的权利。

(3)流转土地经营权：承包方可以自主决定依法采取出租(转包)、入股或者其他方式向他人流转土地经营权。

(4)生产经营自主权：有权根据自己的意愿和判断决定生产什么、不生产什么。

(5)获得补偿权：承包地被依法征收、征用、占用的，有权依法获得相应的补偿。

(6)优先权：在同等条件下，本集体经济组织成员对流转的土地承包经营权享有优先权。

除了以上权利,《农业法》《林业法》《草原法》《森林法》等法律也对承包方的权利有所规定。

28. 承包方承担哪些义务?

根据《农村土地承包法》第18条的规定,承包方的义务主要有以下两项:

(1)维护用途的义务:维持土地的农业用途,未经依法批准不得用于非农建设。

(2)保护并合理利用的义务:对土地生产能力进行保护,保证土地生态环境的良好性能和质量;科学使用土地,使得土地的利用与其自然的、社会的特性相适应,充分发挥土地要素在生产活动中的作用,以获得最佳的经济、生产、生态的综合效益。具体讲就是要做到保护耕地、保护土地生态环境、提高土地利用率、防止水土流失和盐碱化。不得给土地造成永久性损害。"永久性损害"是指土地不再具有生产能力、不能再被利用的损害。

第三章　承包的原则和程序

29. 农村土地承包的基本原则和具体原则是什么?

农村土地承包的原则是指在农村土地承包过程中发包方和承包方所应遵循的基本准则,对农村土地承包起规范、指导作用。《农村土地承包法》在总则中规定了农村土地承包应当遵循的基本原则,在家庭承包一章中规定了农村土地家庭承包应当遵循的具体原则。

(1)农村土地承包的基本原则:

①公开、公平、公正。"公开、公平、公正"是农村土地承包中必须遵循的一项基本原则。

②遵守法律、法规。

(2)除了遵循上述基本原则外，在进行农村土地家庭承包时，发包方和承包方应当遵循以下原则：

①平等、自愿的原则；

②民主协商，公平合理；

③家庭承包方案应当依法经本集体经济组织成员的村民会议 2/3 以上成员或者 2/3 以上村民代表同意；

④承包程序合法。

30. 什么是土地承包期？

土地承包期是指农村土地承包经营权存续期间，在此期间内，承包方享有土地承包经营权，依照法律的规定和合同约定，行使权利、承担义务。承包期是土地承包制度的一项重要内容，它关系到农民是否可以得到长期的且有保障的土地使用权；关系到以家庭承包经营为基础，统分结合的双层经营体制的完善；关系到农业、农村经济发展和农村社会稳定。

31. 国家法律对土地承包期是怎样规定的？

我国《农村土地法》第 21 条根据我国农村土地家庭承包的实际情况对不同用途的土地的承包期及其上限作出规定，该条第 1 款规定耕地的承包期为 30 年。草地的承包期为 30 年至 50 年。林地的承包期为 30 年至 70 年。特殊林木的林地承包期，经国务院林业行政主管部门批准可以延长。这一法律规定作出这种区分，主要是依据不同性质土地的投资收益期限的差别，更有利于保护土地承包经营权。同时，国家依法保护农村土地承包关系稳定并长久不变，为了给予农民稳定的土地承包经营预期，该条第 2 款规定，耕地承包期届满后再延长 30 年，草地、林地承包期届满后依照前款规定相应延长。

32. 农民迁入设区的市后,原承包的土地怎么处理?

党的十八届五中全会决定提出,维护进城落户农民土地承包权、宅基地使用权、集体收益分配权,支持引导其依法自愿有偿转让上述权益。为此,修订后的《农村土地承包法》第27条删除了原来关于承包方全家迁入设区的市,转为非农业户口的,应将承包地交回发包方的规定。鉴于城乡人口结构的变革是一个较长的历史过程,现阶段农民进城务工、落户的情况也十分复杂,按照中央关于推进农业转移人口市民化的要求,新法规定维护进城务工农民的土地承包经营权,不得以退出土地承包权作为农民进城落户的条件,是否保留土地承包经营权,由农民选择而不代替农民选择。承包方全家迁入城镇落户,丧失农村集体经济组织成员身份的,应引导支持其按照自愿有偿原则依法在本集体经济组织内转让土地承包经营权或者将承包地交回发包方,也可以鼓励其流转土地经营权。承包期内,承包方交回承包地或者发包方依法收回承包地时,承包方对其在承包地上投入而提高土地生产能力的,有权获得相应的补偿。

33. 哪些土地可以用于个别(小)调整或承包给新增人口?

承包期内,在自然灾害等特殊情况或家庭人口状况发生变化自愿交回的,可以依法对承包的耕地和草地进行个别调整。应当用哪些土地来解决需要依法进行的个别调整(或"小调整")和解决新增人口的承包地呢?《农村土地承包法》第28条规定了下列土地应当用于调整承包土地或者承包给新增人口:(1)集体经济组织依法预留的机动地。(2)通过依法开垦等方式增加的土地。(3)承包方依法、自愿交回的。

34. 村民能放弃土地承包权吗?

根据《农村土地承包法》第18条第(1)项的规定,按照规定统一组织承包时，本集体经济组织成员依法平等地行使承包土地的权利，也可以自愿放弃承包土地的权利。

35. 承包方案要经过多少人的同意才有效？

土地承包经营方案是涉及村民切身利益的重大事项，应当由村民会议决定。《村民委员会组织法》第19条规定，村民的承包经营方案必须经村民会议讨论决定。根据《农村土地承包法》第19条的规定，承包方案必须经本集体经济组织村民会议的2/3以上成员或2/3以上村民代表同意，否则该承包方案不能生效。

36. 土地承包的程序是如何进行的？

土地承包按照以下五个步骤进行：

（1）本集体经济组织成员的村民会议选举产生承包工作小组：工作小组由选举产生，体现整个集体经济组织成员的意志或意愿。承包工作涉及土地的丈量、统计、承包方案的拟定等一系列复杂繁重的事项，需要由工作小组统一组织进行。

（2）承包工作小组拟定并公布承包方案：工作小组应当充分调查研究土地状况和成员构成情况再拟定承包方案；拟定过程中应当遵循民主协商、集体讨论的原则，方案的内容应该公平合理并照顾到本集体经济组织的实际情况；承包方案不得剥夺或非法限制本集体经济组织成员的土地承包经营权，不得歧视妇女，不得违反土地管理法有关耕地保护和土地利用总体规划的规定。

（3）召开村民会议，讨论通过承包方案：须经本集体经济组织的村民会议的2/3以上成员或者2/3以上村民代表的同意。

（4）公开组织实施承包方案：承包方案的组织实施是很复杂的工作，需要村民和村委会的通力合作才能做好。

（5）签订承包合同：在签订合同过程中，发包方和承包方的地位是完全平等的，发包方不得拒绝与承包方签订合同，也不得强迫承包方接受一些不公平的条款。

第四章　土地承包合同

37. 什么是土地承包合同？

土地承包合同是发包方与承包方之间达成的、关于农村土地承包权利义务的协议。根据本法的规定，该协议有以下特征：(1)合同的签订方是法定的。发包方和承包方已如前述。(2)合同内容受到法律的约束。比如，法律对承包期的规定。(3)该协议是双务合同，承包方既有权利也有义务，发包方也是这样。

38. 土地承包合同有什么特征？

(1)合同的主体是法定的。(2)合同内容受到法律规定的约束，有些内容不允许当事人自由约定。(3)土地承包合同是双务合同。(4)合同属于要式合同。

39. 什么是土地承包合同的效力？

土地承包合同的效力是指土地承包合同成立之后，按当事人的意思表示发生相应的法律效果。已经成立的合同符合法律规定的生效要件，就产生合同的法律效力，凡不符合法律规定的生效要件，即使当事人意思表示一致，也不能产生合同的法律效力，而可能属于无效合同、可撤销合同或者效力待定合同。土地承包合同的生产，是指符合法定生产要件的土地承包合同能够产生当事人所预期的法律后果，并受到法律保护。

40. 土地承包生效的条件有哪些？

根据《民法典》的规定，土地承包合同的一般生效要件是：(1)土地承包合同当事人在订立合同时有相应的行为能力。(2)土地承包合同当事人的意思表示真实。(3)土地承包合同不得违反法律、行政法规的强制性规定，不得违背公序良俗。(4)土地承包合同必须具备法律所要求的形式。

41. 什么是可撤销的土地承包合同？其有什么主要特点？

可撤销的土地承包合同，是指因意思表示不真实，通过撤销权人行使撤销权，使已经生效的土地承包合同归于无效。可撤销的土地承包合同的主要特点有：(1)可撤销的土地承包合同是意思表示不真实的合同。(2)是否行使撤销权，由撤销权人自行决定。(3)可撤销的土地承包合同在未被撤销前，应为有效。

42. 可撤销的土地承包合同有哪几种情形？

(1)因重大误解而订立的土地承包合同。

(2)显失公平的土地承包合同。

(3)因欺诈而订立的土地承包合同。

(4)受胁迫而订立的土地承包合同。

(5)因乘人之危而订立的土地承包合同。

43. 什么是无效的土地承包合同？

无效的土地承包合同是指不具有法律效力的土地承包合同。订立合同是一种法律行为，只有在其符合《合同法》和有关国家法律、法规时，才能产生法律效力，当事人双方的经济目的才能实现。无效的土地承包合同由于其违反了国家法律的要求，法律不予承认和保护，从其订立时起，就不具有法律的约束力。

44. 无效的土地承包合同有哪几种情形？

有下列情形之一的，土地承包合同无效：第一，一方以欺诈、胁迫手段订立土地承包合同;第二,恶意串通,损害他人合法权益;第三,以合法形式掩盖非法目的;第四,违背公序良俗;第五,违反法律、行政法规有关不得收回、调整承包地等的强制性规定。

在土地承包合同中,这些强制性规范有:(1)发包方违反民主议定原则越权发包或未经有关部门批准,土地承包合同无效。(2)承包方未经发包方同意擅自转包、转让的无效。(3)代理人超越代理或者代理权终止后,以被代理人名义订立土地承包合同无效。

45. 什么是土地承包合同的变更?

土地承包合同的变更是当事人对发生法律效力的土地承包合同依法进行某些必要的修改、删节、补充合同效力的行为,这种行为应当不得损害国家利益、社会公共利益或者第三人的利益。

46. 当事人在变更土地承包合同时,应注意什么?

(1)变更的土地承包合同必须是已经发生法律效力的合同。(2)被变更的土地承包合同必须尚未履行或者正在履行过程中。(3)土地承包合同变更有广义和狭义之分。狭义的变更是指土地承包合同的客体和内容的变更,即对土地承包合同标的、数量、质量、履行期和地点、履行方式以及违约责任等条款的修改、补充或删除;广义的变更还包括土地承包合同主体的变更,即土地承包合同的转让。(4)土地承包合同的变更,是当事人之间的一种法律行为,因此除法律另有规定外,土地承包合同的变更应达成协议,协议未达成前,原土地承包合同仍然有效。

47. 变更土地承包合同应具备什么条件?

(1)原已存在土地承包合同关系。(2)土地承包合同的变更须依据法律的规定或者当事人的约定。(3)土地承包合同变更应当遵守法定的方式。(4)必须有土地承包合同内容的变化。

48. 什么是土地承包合同的解除？

土地承包合同的解除是指在土地承包合同订立之后，履行完毕之前，对合同规定的当事人双方的权利义务关系提前终止。土地承包合同解除后，当事人通过订立土地承包合同所确立的全部权利义务关系或者尚未履行的部分权利义务关系将不复存在。土地承包合同的解除没有溯及既往的效力。土地承包合同的解除只对未履行部分发生效力，不能导致合同自始消灭。

49. 土地承包合同的解除有哪几种情形？

(1)土地承包合同的约定解除：一是事后协议解除土地承包合同。二是约定将来享有解除权，解除土地承包合同。

(2)土地承包合同的法定解除：一是因不可抗力致使不能实现土地承包合同目的。二是在土地承包合同履行期届满前，当事人一方明确表示或者以自己的行为表明不履行合同主要义务。三是当事人一方迟延履行土地承包合同主要义务，经催告后在合理期限内仍未履行。四是当事人一方迟延履行土地承包合同义务或者其他违约行为致使不能实现土地承包合同目的。五是承包方丧失劳动力，无力继续耕种或者经营土地，本人自愿放弃土地承包权的。六是承包人在承包期内死亡，且无第一顺利继承人继承承包的，可以解除土地承包合同。七是承包方在承包期内，违反法律、政策的规定和承包合同的约定，闲置、荒芜承包的耕种，由发包方解除承包合同，收回所发包的耕地。八是承包方进行破坏性或者掠夺性生产经营，经发包方劝阻无效的。九是承包方随意改变土地用途，经发包方劝阻无效的。十是由于国家建设的需要，承包方所承包的土地全部被依法征收、征用或者批准占用的。

50. 土地承包合同可以是口头的吗？

合同的形式是指，当事人对双方之间的协议所采取的外在表现。合同法规定，当事人订立合同，有书面形式、口头形式和其他形式。鉴于土地承包经营权的重要性和复杂性，本法特别规定，土地承包合同必须采用书面形式。

51. 土地承包合同主要有哪些内容？

《农村土地承包法》根据农村土地承包合同的性质和特点对承包合同的主要条款作出了规定，具体内容是：

(1)发包方、承包方的名称，发包方负责人和承包方代表的姓名、住所。

(2)承包土地的名称、坐落、面积、质量等级。土地的坐落是土地的所在地，土地的质量等级是土地管理部门依法评定的土地登记。

(3)承包期限和起止日期。由于承包期限是法定的，当事人只能在本法第20条规定的范围内确定承包期限。

(4)承包土地的用途。承包土地只能用于种植业、林业、畜牧业和渔业生产。

(5)发包方和承包方的权利义务。具体内容，已如前述。

(6)违约责任。承包合同当事人一方或双方不履行合同或不适当履行合同，依照法律的规定或当事人的约定，应当承担的法律责任，比如，支付违约金、赔偿损失。更为具体的知识，可参考我国《合同法》第七章。

52. 两个村民小组合并了，承包合同需要重新签吗？

不用。根据《农村土地承包法》第24条的规定，合同的变更或解除不因集体经济组织的合并而发生。

53. 土地承包经营权证由谁颁发？

《农村土地承包法》第 24 条规定，国家对耕地、林地和草地等实行统一登记，登记机构应当向承包方颁发土地承包经营权证或者林权证等证书，并登记造册，确认土地承包经营权。土地承包经营权证或者林权证等证书应当将具有土地承包经营权的全部家庭成员列入。登记机构除按规定收取证书工本费外，不得收取其他费用。

根据《不动产暂行条例》第 5 条的规定，下列不动产权利，依照该条例的规定办理登记：(1)集体土地所有权；(2)房屋等建筑物、构筑物所有权；(3)森林、林木所有权；(4)耕地、林地、草地等土地承包经营权；(5)建设用地使用权；(6)宅基地使用权；(7)海域使用权；(8)地役权；(9)抵押权；(10)法律规定需要登记的其他不动产权利。因此，农村土地承包经营权也需要按照法律的规定进行不动产登记，由不动产登记管理部分发放不动产登记簿。

54 承包期满，在同等条件下原承包方有优先承包权吗？

优先承包权是指在相同的条件下，当原承包人与其他承包人同时对原承包物进行投标时，发包方应当将承包物交给原承包人承包。《农业法》第 13 条规定："承包期满，承包人对原承包人的土地、山岭、草原、荒地、滩涂、水面享有优先承包权。"

第五章　土地承包经营权的保护和互换、转让

55. 农民迁入设区的市后，原承包的土地怎么办？

党的十八届五中全会决定提出，维护进城落户农民土地承包权、宅基地使用权、集体收益分配权，支持引导其依法自愿有偿转让上述权益。为此，修订后的《农村土地承包法》第 27 条删除了原来关于承

包方全家迁入设区的市，转为非农业户口的，应将承包地交回发包方的规定。鉴于城乡人口结构的变革是一个较长的历史过程，现阶段农民进城务工、落户的情况也十分复杂，按照中央关于推进农业转移人口市民化的要求，新法规定维护进城务工农民的土地承包经营权，不得以退出土地承包权作为农民进城落户的条件，是否保留土地承包经营权，由农民选择而不代替农民选择。承包方全家迁入城镇落户，丧失农村集体经济组织成员身份的，应引导支持其按照自愿有偿原则依法在本集体经济组织内转让土地承包经营权或者将承包地交回发包方，也可以鼓励其流转土地经营权。承包期内，承包方交回承包地或者发包方依法收回承包地时，承包方对其在承包地上投入而提高土地生产能力的，有权获得相应的补偿。

56. 怎样保障农村集体土地的承包权、经营权?

关于如何保障好承包权，《关于引导农村土地经营权有序流转发展农业适度规模经营的意见》指出，要抓紧抓实承包地确权登记颁证工作，妥善解决农户承包地块面积不准、四至不清等问题；要完善承包合同，健全登记簿，颁发权属证书，强化土地承包经营权物权保护。同时，要放活经营权。该意见强调，要鼓励创新土地流转形式，发展多种形式的适度规模经营；加强土地流转服务体系建设，为流转双方提供服务，保护流转双方的权益。

57. 如何解决“谁来种地”问题?

解决这个问题，关键是提升农业的经营规模，让农业经营有好的效益，让农民成为体面的职业，培养多种新型农业经营主体。为此，《关于引导农村土地经营权有序流转发展农业适度规模经营的意见》提出了三个方面的措施：

一是建立新型职业农民制度，培育新的种地人。包括实施新型职业农民培育工程，积极培养专业大户、家庭农场经营者、农民合作社带头人、农业企业经营管理人员、农业社会化服务人员和返乡农民工等新型职业农民，努力构建新型职业农民和农村实用人才培养、认定、扶持体系。

二是引导土地资源流向新型农业生产经营主体，使愿意种地的人能获得更多的土地经营权。鼓励各地整合涉农资金建设连片高标准农田，并优先流向家庭农场等规模经营农户；有条件的地方可将土地经营权入股组建合作组织，通过自营或委托经营等方式发展农业规模经营；允许农民以承包经营权入股发展农业产业化经营；工商企业可以适度租赁土地发展良种种苗繁育、高标准设施农业、规模化养殖、开发农村“四荒”资源等现代种养业。

三是加大扶持完善服务，为新型农业经营主体发展提供更好的外部环境。该意见主要从财政、金融、用地、税收等方面提出了一系列有针对性的扶持政策。如支持符合条件的新型农业经营主体优先承担涉农项目，新增农业补贴向新型农业经营主体倾斜，引导金融机构建立健全针对新型农业经营主体的信贷、保险支持机制，要求各地在年度建设用地指标中单列一定比例专门用于新型农业经营主体建设配套辅助设施等。

58. 如何防止工商企业下乡引发“非农化”？

为防止工商企业下乡引发“非农化”，《关于引导农村土地经营权有序流转发展农业适度规模经营的意见》明确指出：一是鼓励工商资本发展良种种苗繁育、高标准设施农业、规模化养殖和开发农村“四荒”资源等适合企业化经营的现代农业。二是对工商企业租赁农户承包地加强监管和风险防范。包括，要求各地对工商企业长时间、大面积租赁农户承包地有明确的上限控制；建立健全资格审查、项目审核和风险保障金三项制度，严格准入门槛，加强事后监管；定期对租赁土地企业的农业经营能力、流转承包地用途等情况进行监督检查，及时查处纠正违法违规行为等。

59. 村委会能收取农户土地流转收益吗？

《农村土地承包法》第 36 条规定："土地承包经营权的转包费、租金、转让费等，应当由当事人双方协商确定。流转的收益归承包方所有，任何组织和个人不得截留、扣缴。"第 58 条规定："任何组织和个人擅自截留、扣缴土地承包经营权收益的，应当退还。"村委会即使作为发包方，也不能收取作为承包方的农户的流转收益，收取了必须退还。

60. 什么是农村土地承包经营权的互换？

《农村土地承包法》第 33 条规定，承包方之间为方便耕种或者各自需要，可以对属于同一集体经济组织的土地承包经营权进行互换，并向发包方备案。互换是村内部的农户之间为方便耕种和各自需要，对各自的土地承包经营权的交换。互换是一种互易合同，互换的双方均取得对方的土地承包经营权，丧失自己的原土地承包经营权。双方农户达成互换合同后，应与发包人变更原土地承包合同。互换的原因有很多。例如，相邻两块地，一农户种植低矮的庄稼，但邻地种植高秆作物，双方可能会因为农作物的采光、通风问题发生纠纷。又如，农业现代化的发展，要求越来越多的农业机具耕种、收割，但土地分属不同的承包经营权人，太小的地块常常使农机具不能施展拳脚。再如，有的农户擅长种小麦，有的农户精于种棉花，但农户承包的几块地，可能分别适于种植不同的作物，由一个农户承包，其技术特长就得不到尽情发挥。

61. 什么是土地承包经营权的转让？

《农村土地承包法》第 34 条规定，经发包方同意，承包方可以将全部或者部分的土地承包经营权转让给本集体经济组织的其他农户，由该农户同发包方确立新的承包关系，原承包方与发包方在该土地上的承包关系即行终止。

土地承包经营权转让，是指土地承包经营权人将其拥有的未到期的土地承包经营权以一定的方式和条件移转给他人的行为。土地承包经营权的受让对象应当是本集体经济组织的成员。

62. 土地承包经营权互换、转让应当履行什么手续？

具备转让条件的农户将土地承包经营权转让给其他农户，应当经发包方同意，并与发包方变更原土地承包合同。土地承包经营权互换、转让的，当事人可以向登记机构申请登记。未经登记，不得对抗善意第三人。

第六章　土地经营权

63. 土地经营权流转有哪几种形式？

《农村土地承包法》第 36 条规定，承包方可以自主决定依法采取出租（转包）、入股或者其他方式向他人流转土地经营权，并向发包方备案。出租，是指承包方在一定期限内将部分或者全部土地承包经营权租给本集体经济组织以外的人承包经营。入股，就是农民以自家承包地的“经营权”作为股份，入股合作社或者农企，并以此为依据参与利润分红。

64. “土地入股”的基本原则是什么？

土地经营权入股是促进适度规模经营的重要途径。土地经营权入股，便于土地集中连片，实现规模化经营、标准化生产，推进“土地入股”应遵循以下原则：

(1)落实“三权分置”,严守政策底线。坚持农村土地集体所有权,依法维护农民集体对承包地的各项权能。严格保护农户承包权,任何组织和个人都不能取代农民家庭的土地承包地位,都不能非法剥夺和限制农户的土地承包权。放活土地经营权,依法平等保护经营主体依流转合同取得的经营权,保障其有稳定的经营预期。

(2)遵循市场规律,发挥政府作用。坚持市场在资源配置中的决定性作用,要客观反映土地等要素的实际贡献和稀缺程度,按照市场规则协商确定入股各方的权利义务和利益分配。更好发挥政府作用,完善土地经营权入股相关政策措施,确保农民的知情权、参与权、监督权和收益权,平等保护各方合法权益。

(3)因地制宜推进,循序渐进发展。充分考虑地域差异、经济基础及农村劳动力转移等因素,根据实际情况适度开展土地经营权入股。鼓励探索形式多样、符合实际的入股方式,不搞强迫命令、盲目攀比和“一刀切”,要边试点、边总结、边发展。

(4)强化风险管控,维护农民利益。土地经营权入股期限不能超过土地承包剩余期限,入股的土地不能改变土地性质和用途,不能降低耕地的基础地力,严禁入股土地“非农化”。鼓励有条件的地方探索建立土地经营权入股风险防范制度。鼓励实行“保底收益 + 按股分红”,让农民特别是贫困户在土地经营权入股中有稳定收益。

65.“土地入股”要怎么做?

根据农业农村部、国家发展改革委、财政部、中国人民银行、国家税务总局、国家市场监督管理总局联合印发《关于开展土地经营权入股发展农业产业化经营试点的指导意见》的规定,土地入股应该:

(1)创新土地经营权入股的实现形式。根据公司股东、农民专业合作社成员等各方的意愿和要求,合理确定土地经营权入股的形式,培育一批土地经营权出资发展农业产业化经营的公司、农民专业合作社。农户的土地经营权可以依法直接对公司和农民专业合作社出资，还可以先出资设立农民专业合作社，再由农民专业合作社以土地经营权出资设立公司。

（2）完善土地股份组织运行机制。探索建立公平合理的土地经营权评估作价机制，作价应考虑土地数量质量、入股期限长短、不同要素比价等因素，参考有关部门发布的土地经营权流转指导价格，由公司股东、农民专业合作社成员等各方协商确定。土地经营权入股公司的，提倡同股同权同责，按股份比例分享决策权、分取收益、承担责任；经全体公司股东约定或公司章程规定，也可实行股、权、责差异化配置，但应符合权利义务对等原则。加强公司、农民专业合作社财务管理规范化建设，财务情况依法向农户（成员）公开。

（3）妥善处理农户退出问题，探索通过限定最短入股期限、调换地块等方式，稳定公司、农民专业合作社对土地经营的预期。公司、农民专业合作社破产清算后，农户可以按照有关法律法规或公司、农民专业合作社章程规定回购土地经营权。

66. 土地经营权流转的原则是什么？

土地经营权流转的原则是：

第一，平等协商、自愿、有偿。平等是指土地经营权流转的双方当事人的法律地位平等。自愿是指土地经营权的流转必须出于双方当事人的意志，都不能强迫。有偿是指土地经营权的流转多是等价有偿，应当体现公平原则。有偿原则并不排斥土地经营权在某些时候的无偿流转。土地经营权流转的具体事宜应当由双方当事人协商，任何组织和个人不得强迫或阻碍土地经营权的流转。

第二，不得改变土地所有权的性质和土地的农业用途，不得破坏农业综合生产能力和农业生态环境。

第三，流转的期限不得超过承包期的剩余期限。例如，土地承包经营权的期限为30年,承包人已使用了20年,该土地承包经营流转的期限就不得超过10年。

第四,受让方须有农业经营能力或者资质。受让方应当具有农业生经营能力或者资质,这是对受让方主体资格的要求。对于社会资本参与土地经营权流转的,县级以上地方人民政府应当建立工商企业等社会资本通过流转取得土地经营权的资格审查、项目审核和风险防范制度。

第五,在同等条件下,本集体经济组织成员享有优先权。在同等条件下,本集体经济组织的成员,可以较本集体经济组织以外的人,优先取得流转的土地承包经营权。

67. 土地经营权流转的主体是谁?

土地经营权流转的主体是承包方。在承包期内,农户对承包的土地有自主的使用权、收益权和流转权,有权依法自主决定承包地是否流转和流转的方式。这是农民拥有长期而有保障的土地使用权的具体体现。任何组织和个人都不得强迫农户流转土地,也不得阻碍农户依法流转土地。承包方有权自主决定土地承包经营权流转还是不流转,流转给谁,以及是采取转让方式流转还是采取转包、出租的方式流转。

68. 农村产权流转交易市场是什么性质的机构?

根据《国务院办公厅关于引导农村产权流转交易市场健康发展的意见》相关规定,农村产权流转交易市场是政府主导、服务"三农"的非营利性机构,可以是事业法人,也可以是企业法人。

69. 哪些农村产权可以入市交易流转?

根据《国务院办公厅关于引导农村产权流转交易市场健康发展的

意见》相关规定，现阶段的交易品种主要包括：

(1)农户承包土地经营权。是指以家庭承包方式承包的耕地、草地、养殖水面等经营权，可以采取出租、入股等方式流转交易，流转期限由流转双方在法律规定范围内协商确定。

(2)林权。是指集体林地经营权和林木所有权、使用权，可以采取出租、转让、入股、作价出资或合作等方式流转交易，流转期限不能超过法定期限。

(3)"四荒"使用权。是指农村集体所有的荒山、荒沟、荒丘、荒滩使用权。采取家庭承包方式取得的，按照农户承包土地经营权有关规定进行流转交易。以其他方式承包的，其承包经营权可以采取转让、出租、入股、抵押等方式进行流转交易。

(4)农村集体经营性资产。是指由农村集体统一经营管理的经营性资产(不含土地)的所有权或使用权，可以采取承包、租赁、出让、入股、合资、合作等方式流转交易。

(5)农业生产设施设备。是指农户、农民合作组织、农村集体和涉农企业等拥有的农业生产设施设备，可以采取转让、租赁、拍卖等方式流转交易。

(6)小型水利设施使用权。是指农户、农民合作组织、农村集体和涉农企业等拥有的小型水利设施使用权，可以采取承包、租赁、转让、抵押、股份合作等方式流转交易。

(7)农业类知识产权。是指涉农专利、商标、版权、新品种、新技术等，可以采取转让、出租、股份合作等方式流转交易。

(8)其他。农村建设项目招标、产业项目招商和转让等。

70. 哪些人可以入市参与流转交易?

根据《国务院办公厅关于引导农村产权流转交易市场健康发展的意见》相关规定，现阶段市场流转交易主体主要有农户、农民合作社、农村集体经济组织、涉农企业和其他投资者。

71. 在农村土地家庭承包流转中，承包方和发包方的相关权利义务包括哪些？

根据《农村土地承包法》第 34 条的规定，土地承包经营权流转的主体是承包方。土地承包经营权流转必须建立在农户自愿的基础上。在承包期内，农户对承包的土地有自主的使用权、收益权和流转权，有权依法自主决定承包地是否流转和流转的方式。这是农民拥有长期而有保障的土地使用权的具体体现。任何组织和个人不得强迫农户流转土地，也不得阻碍农户依法流转土地。承包方有权自主决定土地承包经营权流转还是不流转，流转给谁，以及是采取转让方式流转还是采取转让、出租的方式流转。第 35 条又规定，土地承包经营权流转必须建立在承包方自愿的基础之上，土地承包经营权是否流转以及采取什么方式流转，由承包方自主决定。在承包期间，发包方不得以单方擅自解除承包合同，以及假借少数服从多数强迫承包方放弃或者变更土地承包经营权，也不得以划分"口粮田""责任田"等为由收回承包地搞招标承包，更不得将承包地收回抵顶欠款，以切实保障广大农民的土地承包经营权。

此外，根据《最高人民法院关于审理涉及农村土地承包纠纷案件适用法律问题的解释》第 12 条的规定，发包方强迫承包方将土地承包经营权流转给第三人，承包方请求确认其与第三人签订的流转合同无效的，应予支持。发包方阻碍承包方依法流转土地承包经营权，承包方请求排除妨碍、赔偿损失的，应予支持。

72. 土地承包经营权流转的收益有哪些？法律是如何保护的？

土地承包经营权流转的收益主要有转包费、租金、转让费等，具体数额应当由当事人双方在流转合同中协商确定。流转的收益归承包方所有，任何组织和个人不得擅自截留、扣缴，以保障承包方流转土地承包经营权的收益不被侵犯。

73. 土地经营权流转中承包方和受让方各自应当履行怎样的义务？

农村土地经营权流转的受让方可以是承包农户，也可以是其他按有关法律及有关规定允许从事农业生产经营的组织和个人，在同等条件下，本集体经济组织成员享有优先权。受让方应当具有农业经营能力。

承包方的义务包括：(1)承包方自主决定依法采取出租(转包)、入股或者其他方式向他人流转土地经营权后，应向发包方备案。(2)受让方在流转期内，经承包方同意，受让方依法投资改良土壤，建设农业生产附属、配套设施的，土地流转合同到期或者未到期由承包方依法收回承包土地时，承包方应按照合同约定对受让人投资部分给予合理补偿。

受让方的义务包括：(1)受让方应当依照有关法律、法规的规定保护土地，不得改变土地所有权的性质和土地的农业用途，不得破坏农业综合生产能力和农业生态环境；(2)受让方将土地经营权再流转的，应当经承包方书面同意，并向本集体经济组织备案。

74. 土地承包经营权流转必须签订书面合同吗？合同应包括哪些内容？

根据《农村土地承包法》第40条的规定，土地经营权流转，当事人双方应当签订书面流转合同，以明确双方的权利义务，减少纠纷。此外，土地经营权流转期限为5年以上的，当事人还可以向登记机构申请土地经营权登记。但承包方将土地交由他人代耕不超过一年的，可以不签订书面合同。

土地经营权流转合同一般包括以下条款：

(1)双方当事人的姓名、住所；

(2)流转土地的名称、坐落、面积、质量等级；

(3)流转期限和起止日期；

(4)流转土地的用途；

(5)双方当事人的权利和义务；

(6)流转价款及支付方式；

(7)土地被依法征收、征用、占用时有关补偿费的归属；

(8)违约责任。

75. 什么是土地经营权的融资担保？

根据《农村土地承包法》第 47 条的规定，承包方可以用承包地的土地经营权向金融机构融资担保，并向发包方备案。受让方通过流转取得的土地经营权，经承包方书面同意并向发包方备案，可以向金融机构融资担保。担保物权自融资担保合同生效时设立。当事人可以向登记机构申请登记；实现担保物权时，担保物权人有权就土地经营权优先受偿。

关于土地经营权的融资担保。规范性文件规定，土地承包经营权和土地经营权都可以向金融机构抵押担保融资。鉴于实践中抵押担保融资的情况复杂，操作方式多样，加之各方面对土地经营权的性质认识分歧较大，本条使用了“融资担保”的概念，包含了抵押和质押等多种情形，既解决农民向金融机构融资缺少有效担保物的问题，又保持了与担保法等法律规定的一致性。本条规定，承包方可以用承包土地经营权向金融机构融资担保。第三方通过流转取得的土地经营权，经承包方或其委托代理人书面同意，也可以向金融机构融资担保。

土地经营权融资担保办法由国务院有关部门规定。

第七章　其他方式的承包

76. 不宜采取家庭承包方式承包的“四荒”等农村土地的承包方式有哪些？

承包荒山、荒沟、荒丘、荒滩等有两种承包方式：(1)荒山、荒沟、荒丘、荒滩等可以直接通过招标、拍卖、公开协商等方式实行承包经营；(2)将土地经营权折股分给本集体经济组织成员后，再实行承包经营或者股份合作经营。

以其他方式承包农村土地的，应当签订承包合同，承包方取得土地经营权。当事人的权利和义务、承包期限等，由双方协商确定。以招标、拍卖方式承包的，承包费通过公开竞标、竞价确定；以公开协商等方式承包的，承包费由双方议定。

77. 如何理解“四荒”地承包的优先权？

根据《农村土地承包法》第 47 条的规定：“以其他方式承包农村土地，在同等条件下，本集体经济组织成员有权优先承包”。同时，根据《最高人民法院关于审理涉及农村土地承包纠纷案件适用法律问题的解释》第 19 条的规定，“本集体经济组织成员在承包费、承包期限等主要内容相同的条件下主张优先承包权的，应予支持。但在发包方将农村土地发包给本集体经济组织以外的单位或者个人，已经法律规定的民主议定程序通过，并由乡（镇）人民政府批准后主张优先承包权的，不予支持”。

本条仅适用于以其他方式如招标、拍卖、公开协商等承包的农村土地，具体指农民集体所有和国家所有依法由农民集体使用的土地资源，以荒山、荒沟、荒丘、荒滩等“四荒”地为代表。采取家庭承包方式承包的耕地、林地、草地不适用本条的规定。

所谓同等条件下本集体经营组织成员享有优先承包权,是指本集体经济组织内部成员和外部竞包者同时参与承包权的竞争,在两者农业技术力量、资金状况、信誉状况、承包费用等条件相当的情况下,本集体经济组织内部成员取得该土地的承包权。在两者资信、技术等条件有所差异的情况下,当然应采取择优选用的标准,而绝不是当然地将土地包给条件处于劣势的本集体经济组织内部成员。否则,就违背了招标、拍卖、公开协商所强调的公开性、公正性和程序性的原则。因此,不能简单地认为在以其他方式承包土地的情况下,本集体经济组织内部成员一定享有优先权,这里的优先是以"同等条件"为前提的。在与本集体经济组织外的单位或个人竞争承包权时,本集体经济组织内部成员与外部竞争者具有同等的竞争条件时,发包方才可将土地优先承包给本集体经济组织内部成员。

78. 将"四荒"地发包给集体经济组织以外的单位或者个人的程序是怎样的?

根据《农村土地承包法》第 52 条的规定:"发包方将农村土地发包给本集体经济组织以外的单位或者个人承包,应当事先经本集体经济组织成员的村民会议三分之二以上成员或者三分之二以上村民代表的同意,并报乡(镇)人民政府批准。由本集体经济组织以外的单位或者个人承包的,应当对承包方的资信情况和经营能力进行审查后,再签订承包合同。"

之所以这样规定,主要是:

为了确保本集体经济组织所有成员的利益,防止个别人员对农民集体所有的土地所有权的侵害。

该条的规定主要是从维护集体经济组织成员的应有权利,促进农户的经济民主而设立的程序性规定。所谓经济民主,即村民平等享有公平、公正的土地承包权,政策和法律赋予的承包土地的使用权、自主经营权、收益分配权、流转权和继承权、个人财产的积累和保障权，自由、自愿参与合作经济组织，获取平等的就业机会和分享经济增长成果的权利，男女同工同酬的分配权，决策理财等方面的知情、参与和监督权等。以其他方式承包的“四荒”地主要是农村集体所有的土地资源，从所有权归属上讲，属于集体经济组织成员共同所有，因此在由本集体经济组织以外的单位或个人承包时，应充分考虑集体经济组织内部成员作为共同所有人的决策权利。

第八章　征地与农村土地承包

79. 我国农用地转为建设用地审批权限是如何划分的？

《土地管理法》第44条规定：“建设占用土地，涉及农用地转为建设用地的，应当办理农用地转用审批手续。永久基本农田转为建设用地的，由国务院批准。在土地利用总体规划确定的城市和村庄、集镇建设用地规模范围内，为实施该规划而将永久基本农田以外的农用地转为建设用地的，按土地利用年度计划分批次按照国务院规定由原批准土地利用总体规划的机关或者其授权的机关批准。在已批准的农用地转用范围内，具体建设项目用地可以由市、县人民政府批准。在土地利用总体规划确定的城市和村庄、集镇建设用地规模范围外，将永久基本农田以外的农用地转为建设用地的，由国务院或者国务院授权的省、自治区、直辖市人民政府批准。”

因此，我国农用地的审批权限根据土地是否属于基本农田分为两个层级：一是永久基本农田转为建设用地，这个必须由由国务院批准。二是永久基本农田以外的农用地转为建设用地，这又分为两种情况：(1)按土地利用年度计划分批次按照国务院规定由原批准土地利用总体规划的机关或者其授权的机关批准，在已批准的农用地转用范围内，具体建设项目用地可以由市、县人民政府批准。(2)在土地利用总体规划确定的城市和村庄、集镇建设用地规模范围外，将永久基本农田以外的农用地转为建设用地的，由国务院或者国务院授权的省、自治区、直辖市人民政府批准。

80. 征收农用土地应该符合哪些条件？

农用土地是保证农业发展、农村稳定的重要基础生产资料，因此对征收农村土地国家设置了严格的要求，征收农村土地必须要有合法的理由。

根据《土地管理法》第45条的规定，只有为了公共利益的需要，有下列情形之一，确需征收农民集体所有的土地的，才可以依法实施征收：(1)军事和外交需要用地的；(2)由政府组织实施的能源、交通、水利、通信、邮政等基础设施建设需要用地的；(3)由政府组织实施的科技、教育、文化、卫生、体育、生态环境和资源保护、防灾减灾、文物保护、社区综合服务、社会福利、市政公用、优抚安置、英烈保护等公共事业需要用地的；(4)由政府组织实施的扶贫搬迁、保障性安居工程建设需要用地的；(5)在土地利用总体规划确定的城镇建设用地范围内，经省级以上人民政府批准由县级以上地方人民政府组织实施的成片开发建设需要用地的；(6)法律规定为公共利益需要可以征收农民集体所有的土地的其他情形。这里说的建设活动，应当符合国民经济和社会发展规划、土地利用总体规划、城乡规划和专项规划；第(4)项、第(5)项规定的建设活动，还应当纳入国民经济和社会发展年度计划；第(5)项规定的成片开发并应当符合国务院自然资源主管部门规定的标准。

81. 征收农用土地应该履行哪些程序？如何实施？

第一，征收农村土地要得到政府批准。其中，征收下列土地的，由国务院批准：(1)永久基本农田；(2)永久基本农田以外的耕地超过35

公顷的；（3）其他土地超过70公顷的。上述三种情况以外的土地，由省、自治区、直辖市人民政府批准。

第二，征收农用地应当依照《土地管理法》第44条的规定先行办理农用地转用审批。其中，经国务院批准农用地转用的，同时办理征地审批手续，不再另行办理征地审批；经省、自治区、直辖市人民政府在征地批准权限内批准农用地转用的，同时办理征地审批手续，不再另行办理征地审批，超过征地批准权限的，应当依照本条第一款的规定另行办理征地审批。

第三，国家征收土地的，依照法定程序批准后，由县级以上地方人民政府予以公告并组织实施。县级以上地方人民政府拟申请征收土地的，应当开展拟征收土地现状调查和社会稳定风险评估，并将征收范围、土地现状、征收目的、补偿标准、安置方式和社会保障等在拟征收土地所在的乡（镇）和村、村民小组范围内公告至少30日，听取被征地的农村集体经济组织及其成员、村民委员会和其他利害关系人的意见。多数被征地的农村集体经济组织成员认为征地补偿安置方案不符合法律、法规规定的，县级以上地方人民政府应当组织召开听证会，并根据法律、法规的规定和听证会情况修改方案。拟征收土地的所有权人、使用权人应当在公告规定期限内，持不动产权属证明材料办理补偿登记。县级以上地方人民政府应当组织有关部门测算并落实有关费用，保证足额到位，与拟征收土地的所有权人、使用权人就补偿、安置等签订协议；个别确实难以达成协议的，应当在申请征收土地时如实说明。相关前期工作完成后，县级以上地方人民政府方可申请征收土地。

82. 农村土地征收补偿费由哪些费用组成？具体的费用标准如何确定？

根据《土地管理法》第48条的规定，土地征收补偿费用包含以下四部分:(1)土地补偿费;(2)安置补助费;(3)农村村民住宅、其他地上附着物和青苗等的补偿费用;(4)被征地农民的社会保障费用。

农村土地征收应当给予公平、合理的补偿,保障被征地农民原有生活水平不降低、长远生计有保障。

征收农用地的土地补偿费、安置补助费标准由省、自治区、直辖市通过制定公布区片综合地价确定。制定区片综合地价应当综合考虑土地原用途、土地资源条件、土地产值、土地区位、土地供求关系、人口以及经济社会发展水平等因素,并至少每三年调整或者重新公布一次。

征收农用地以外的其他土地、地上附着物和青苗等的补偿标准,由省、自治区、直辖市制定。对其中的农村村民住宅,应当按照先补偿后搬迁、居住条件有改善的原则,尊重农村村民意愿,采取重新安排宅基地建房、提供安置房或者货币补偿等方式给予公平、合理的补偿,并对因征收造成的搬迁、临时安置等费用予以补偿,保障农村村民居住的权利和合法的住房财产权益。

县级以上地方人民政府应当将被征地农民纳入相应的养老等社会保障体系。被征地农民的社会保障费用主要用于符合条件的被征地农民的养老保险等社会保险缴费补贴。被征地农民社会保障费用的筹集、管理和使用办法,由省、自治区、直辖市制定。

第九章　农村土地承包纠纷的处理

83. 什么是土地承包经营纠纷?

土地承包经营纠纷,主要是指在土地承包过程中发包方与承包方发生纠纷,也包括土地承包当事人与第三人发生的纠纷。包括:

(1)经济纠纷。在土地承包合同订立、履行、变更和解除过程中,发包方和承包方发生大量的因为经济目的而产生的纠纷。

(2)民事纠纷。农户之间发生纠纷，村组之间发生纠纷以及农户与村组干部个人之间发生的纠纷多是民事纠纷。

84.农村土地承包纠纷的解决途径有哪些？

根据《农村土地承包法》第55条的规定："因土地承包经营发生纠纷的，双方当事人可以通过协商解决，也可以请求村民委员会、乡(镇)人民政府等调解解决。当事人不愿协商、调解或者协商、调解不成的，可以向农村土地承包仲裁机构申请仲裁，也可以直接向人民法院起诉。"

土地承包经营纠纷主要是指在土地承包过程中发包方与承包方发生的纠纷，也包括土地承包当事人与第三人发生的纠纷。《农村土地承包法》第二章第一节规定了发包方和承包方的权利和义务，发包方和承包方还可以在承包合同中具体约定双方的权利和义务。如果一方违反了法定的义务或约定的义务，就会引起纠纷。《农村土地承包法》第57条还规定了基于发包方的过错而导致纠纷的情形。这些情形是：(1)干涉承包方依法享有的生产经营自主权；(2)违反本法规定收回、调整承包地；(3)强迫或者阻碍承包方进行土地承包经营权的互换、转让或者土地经营权流转；(4)假借少数服从多数强迫承包方放弃或者变更土地承包经营权；(5)以划分"口粮田"和"责任田"等为由收回承包地搞招标承包；(6)将承包地收回抵顶欠款；(7)剥夺、侵害妇女依法享有的土地承包经营权；(8)其他侵害土地承包经营权的行为。

为了维护以家庭承包和统分结合的双层经营体制，坚持调动和保护农民的生产积极性，稳定土地承包关系，制定本法时有必要为这些纠纷提供一些行之有效的解决途径。这些途径有以下几种：

(1)协商。发包方与承包方发生纠纷后，能够协商达成协议，是最好的解决办法。这既节省时间，又节省人力物力。但不是事事都能够通过协商解决的，况且还有当事人不愿意通过协商解决问题。因此，当事人不愿协商，或者协商不成的，可以通过调解、仲裁、诉讼等途径解决。

(2)调解。当事人可以将纠纷通过调解解决，但调解不是仲裁或诉讼的必经程序。调解人可以是公民个人，也可以是人民政府及其有关部门，还可以是其他社会团体、组织。在几种主要的调解单位中，对于村民小组或村内的集体经济组织发包的，发生纠纷后，可以请求村民委员会调解；对于村集体经济组织或村民委员会发包的，发生纠纷后，可以请求乡(镇)人民政府调解。其他的调解部门可以是政府的农业、林业等行政主管部门，也可以是政府设立的负责农业承包管理工作的农村集体经济管理部门。例如，某市的农业联产承包合同条例规定，在市、区、县、乡(镇)人民政府设立农村合作经济经营管理部门，主管本行政区域内农村土地承包合同的管理工作。当事人不愿协商或者协商不成的，可以将纠纷提交所在乡(镇)的农村合作经济经营管理部门调解。

(3)仲裁。当事人不愿协商、调解，或者协商、调解不成的，可以向农村土地承包仲裁机构申请仲裁。

(4)诉讼。按《农村土地承包法》规定的仲裁与诉讼的程序关系是：仲裁不是诉讼的必经程序，即农村土地承包合同发生纠纷后，可以不经协商，不经调解，也不经仲裁，当事人可以直接向人民法院起诉。

85. 行政调解土地承包纠纷应遵循什么程序？

(1)当事人申请。土地承包合同当事人持双方同意调解的协议并交付土地承包合同文本以及相关的证据材料，供主持调解的农村经营管理部门掌握情况。当然，在一方向该部门反映情况时，该部门在征得其他当事人同意之后，也可以开始行政调解。

(2)农村经营管理部门受理。如果土地承包合同当事人提供的材料齐全又在农村经营管理部门的法定权限范围内的，即可被受理。

(3)进行调解。主持调解的农村经营管理部门依据自由、自愿、平等、合法的原则，分清双方的是非责任，然后促成当事人达成调解协议。

(4)农村经营管理部门制作调解书。调解书写明当事人的名称；合同纠纷的主要事实；当事人各方的过错责任；达成调解协议的内容；最后由当事人签字，调解部门盖章。

86. 人民法院可受理哪些涉及农村土地承包的民事纠纷？

下列涉及农村土地承包民事纠纷，人民法院应当依法受理：

(1)承包合同纠纷；

(2)承包经营权侵权纠纷；

(3)承包经营权流转纠纷；

(4)承包地征收补偿费用分配纠纷；

(5)承包经营权继承纠纷。

集体经济组织成员因未实际取得土地承包经营权提起民事诉讼的，人民法院应当告知其向有关行政主管部门申请解决。

集体经济组织成员就用于分配的土地补偿费数额提起民事诉讼的，人民法院不予受理。

87. 哪些农村土地承包经营纠纷属于土地承包仲裁委员会的受理范围？

(1)因订立、履行、变更、解除和终止农村土地承包合同发生的纠纷；

(2)因农村土地承包经营权转包、出租、互换、转让、入股等流转发生的纠纷；

(3)因收回、调整承包地发生的纠纷；

(4)因确认农村土地承包经营权发生的纠纷；

(5)因侵害农村土地承包经营权发生的纠纷；

(6)法律、法规规定的其他农村土地承包经营纠纷。

上述纠纷都可适用《农村土地承包经营纠纷调解仲裁法》,因征收集体所有的土地及其补偿发生的纠纷,不属于农村土地承包仲裁委员会的受理范围,可以通过行政复议或者诉讼等方式解决。

88. 如果当事人到仲裁庭解决农村土地承包经营纠纷,仲裁庭的处理方式是怎样的?

仲裁庭对农村土地承包经营纠纷应当进行调解。调解有两种情况:(1)调解达成协议的,仲裁庭应当制作调解书,调解书应当写明仲裁请求和当事人协议的结果。调解书由仲裁员签名,加盖农村土地承包仲裁委员会印章,送达双方当事人。调解书经双方当事人签收后,即发生法律效力。在调解书签收前当事人反悔的,仲裁庭应当及时作出裁决。(2)调解不成的,应当及时作出裁决。

89. 仲裁员禁止作出哪些行为?违反规定的如何处罚?

农村土地承包仲裁委员会组成人员、仲裁员应当依法履行职责,遵守农村土地承包仲裁委员会章程和仲裁规则,不得索贿受贿、徇私舞弊,不得侵害当事人的合法权益。仲裁员有索贿受贿、徇私舞弊、枉法裁决以及接受当事人请客送礼等违法违纪行为的,农村土地承包仲裁委员会应当将其除名;构成犯罪的,依法追究刑事责任。县级以上地方人民政府及有关部门应当受理对农村土地承包仲裁委员会组成人员、仲裁员违法违纪行为的投诉和举报,并依法组织查处。

90. 当事人申请仲裁的时限为多久?仲裁的当事人是谁?

农村土地承包经营纠纷申请仲裁的时效期间为2年,自当事人知道或者应当知道其权利被侵害之日起计算。

农村土地承包经营纠纷仲裁的申请人、被申请人为当事人。家庭承包的,可以由农户代表人参加仲裁。当事人一方人数众多的,可以推选代表人参加仲裁。与案件处理结果有利害关系的,可以申请作为第三人参加仲裁,或者由农村土地承包仲裁委员会通知其参加仲裁。当事人、第三人可以委托代理人参加仲裁。

91. 申请农村土地承包经营纠纷仲裁应当符合什么条件?向谁递交仲裁申请书?

申请农村土地承包经营纠纷仲裁应当符合下列条件:

(1)申请人与纠纷有直接的利害关系;

(2)有明确的被申请人;

(3)有具体的仲裁请求、事实和理由;

(4)属于农村土地承包仲裁委员会的受理范围。

当事人申请仲裁,应当向纠纷涉及的土地所在地的农村土地承包仲裁委员会递交仲裁申请书。仲裁申请书可以邮寄或者委托他人代交。仲裁申请书应当载明申请人和被申请人的基本情况,仲裁请求和所根据的事实、理由,并提供相应的证据和证据来源。书面申请确有困难的,可以口头申请,由农村土地承包仲裁委员会记入笔录,经申请人核实后由其签名、盖章或者捺指印。

92. 哪些情况仲裁委员会将不予受理仲裁申请?

以下情况仲裁委员会不予受理仲裁申请:

(1)不符合申请条件;

(2)人民法院已受理该纠纷;

(3)法律规定该纠纷应当由其他机构处理;

(4)对该纠纷已有生效的判决、裁定、仲裁裁决、行政处理决定等。

93. 当事人在哪些情况下可以申请仲裁员回避?如何申请?

仲裁员有下列情形之一的,必须回避,当事人也有权以口头或者书面方式申请其回避：

(1)是本案当事人或者当事人、代理人的近亲属；

(2)与本案有利害关系；

(3)与本案当事人、代理人有其他关系，可能影响公正仲裁；

(4)私自会见当事人、代理人，或者接受当事人、代理人的请客送礼。

当事人提出回避申请，应当说明理由，在首次开庭前提出。回避事由在首次开庭后知道的，可以在最后一次开庭终结前提出。

94. 农村土地承包经营纠纷仲裁开庭的时间、地点如何？是否必须公开进行？

仲裁庭应当在开庭5个工作日前将开庭的时间、地点通知当事人和其他仲裁参与人。当事人有正当理由的，可以向仲裁庭请求变更开庭的时间、地点。是否变更，由仲裁庭决定。

开庭可以在纠纷涉及的土地所在地的乡（镇）或者村进行，也可以在农村土地承包仲裁委员会所在地进行。当事人双方要求在乡（镇）或者村开庭的，应当在该乡（镇）或者村开庭。

开庭应当公开，但涉及国家秘密、商业秘密和个人隐私以及当事人约定不公开的除外。

95. 对于仲裁中证据的收集和出示，法律是怎样规定的？

根据《农村土地承包经营纠纷调解仲裁法》的规定，当事人应当对自己的主张提供证据。仲裁庭认为有必要收集的证据，可以自行收集。证据应当在开庭时出示，但涉及国家秘密、商业秘密和个人隐私的证据不得在公开开庭时出示。

在证据可能灭失或者以后难以取得的情况下，当事人可以申请证据保全。当事人申请证据保全的，农村土地承包仲裁委员会应当将当事人的申请提交证据所在地的基层人民法院。

96. 村民对涉及农村集体土地的行政行为不服，村民委员会或者农村集体经济组织对该行政行为不起诉的，村民该怎么办？

根据《最高人民法院关于审理涉及农村集体土地行政案件若干问题的规定》第3条的规定："村民委员会或者农村集体经济组织对涉及农村集体土地的行政行为不起诉的，过半数的村民可以以集体经济组织名义提起诉讼。"

97. 土地权利人对土地补偿有异议应该怎么做？

根据《最高人民法院关于审理涉及农村集体土地行政案件若干问题的规定》第10条的规定："土地权利人对土地管理部门组织实施过程中确定的土地补偿有异议，直接向人民法院提起诉讼的，人民法院不予受理，但应当告知土地权利人先申请行政机关裁决"，土地权利人对土地补偿有异议的，土地权利人应先申请行政机关裁决，对裁决不服的可向人民法院提起诉讼。

98. 县级以上人民政府土地管理部门申请人民法院执行其作出的责令交出土地决定的，应当符合哪些条件？

根据《最高人民法院关于审理涉及农村集体土地行政案件若干问题的规定》第14条的规定："县级以上人民政府土地管理部门根据土地管理法实施条例第四十五条的规定，申请人民法院执行其作出的责令交出土地决定的，应当符合下列条件：

（一）征收土地方案已经有权机关依法批准；

（二）市、县人民政府和土地管理部门已经依照土地管理法和土地管理法实施条例规定的程序实施征地行为；

（三）被征收土地所有权人、使用人已经依法得到安置补偿或者无正当理由拒绝接受安置补偿，且拒不交出土地，已经影响到征收工作的正常进行；

（四）符合《最高人民法院关于执行〈中华人民共和国行政诉讼法〉若干问题的解释》第八十六条规定①的条件。"

99. 集体成员认为集体经济组织行使自治权侵害其合法权益，起诉至法院要求撤销集体组织决议的，法院是否应当受理？

根据《民法典》第 265 条第 2 款的规定，"农村集体经济组织、村民委员会或者其负责人作出的决定侵害集体成员合法权益的，受侵害的集体成员可以请求人民法院予以撤销"，因此，集体成员可以就集体经济组织作出的决议，提起诉讼，具有诉权。法院应当受理，经审理认为集体成员诉讼请求成立的，应当对相关集体经济组织决议予以撤销。

第十章　农村土地承包的法律责任

100. 国家机关及其工作人员利用职权干涉和侵害农村土地承包经营权的行为如何处理？

国家机关及其工作人员有利用职权干涉农村土地承包经营，变更、解除承包经营合同，干涉承包经营当事人依法享有的生产经营自主权，强迫、阻碍承包经营当事人进行土地承包经营权互换、转让或者土地经营权流转等侵害土地承包经营权、土地经营权的行为，给承包经营当事人造成损失的，应当承担损害赔偿等责任；情节严重的，由上级机关或者所在单位给予直接责任人员处分；构成犯罪的，依法追究刑事责任。依照我国《行政诉讼法》第 12 条的规定，如果承包人或土地经营权受让人按照该条第（4）项对行政机关作出的关于确认土地、

---

① 2018 年《行政诉讼法》解释为第 155 条，并对相关内容进行了调整。

矿藏、水流、森林、山岭、草原、荒地、滩涂、海域等自然资源的所有权或者使用权的决定不服的；或者按照第(5)项对征收、征用决定及其补偿决定不服的；或者第(7)项认为行政机关侵犯其经营自主权或者农村土地承包经营权、农村土地经营权的；或者第(11)认为行政机关不依法履行、未按照约定履行或者违法变更、解除政府特许经营协议、土地房屋征收补偿协议等协议的；或者第(12)项认为行政机关有侵犯其他人身权、财产权等合法权益的，可以向人民法院提起行政诉讼。依照我国《国家赔偿法》第4条第(4)项之规定，受害人有权向造成损害的行政机关请求赔偿。《刑法》第397条规定，国家机关工作人员滥用职权或者玩忽职守，致使公共财产、国家和人民利益遭受重大损失的，处3年以下有期徒刑或者拘役；情节特别严重的，处3年以上7年以下有期徒刑。本法另有规定的，依照规定。国家机关工作人员徇私舞弊，犯前款罪的，处5年以下有期徒刑或者拘役；情节特别严重的，处5年以上10年以下有期徒刑。本法另有规定的，依照规定。

101. 发包方侵害土地承包经营权承担民事责任的方式有哪些？

根据《农村土地承包法》第57条的规定，发包方有下列行为之一的，应当承担停止侵害、排除妨碍、消除危险、返还财产、恢复原状、赔偿损失等民事责任：

(1)干涉承包方依法享有的生产经营自主权；

(2)违反本法规定收回、调整承包地；

(3)强迫或者阻碍承包方进行土地承包经营权的互换、转让或者土地经营权流转；

(4)假借少数服从多数强迫承包方放弃或者变更土地承包经营权；

(5)以划分“口粮田”和“责任田”等为由收回承包地搞招标承包；

(6)将承包地收回抵顶欠款；

(7)剥夺、侵害妇女依法享有的土地承包经营权;

(8)其他侵害土地承包经营权的行为。根据本条,发包方侵害土地承包经营权承担民事责任方式包括停止侵害、返还原物、恢复原状、排除妨害、消除危险和赔偿损失。

(1)停止侵害。停止侵害是指发包方正在实施侵害承包方享有的土地承包经营权时,承包方为了维护自己的合法权益,防止损害后果的扩大,有权制止正在实施的不法行为,要求其停止侵害。

(2)返还原物。返还原物从民法理论上讲是指一方当事人将非法占有的他人财物返还给对方当事人。适用返还原物责任方式,应当具备如下条件:一是原物必须存在;二是返还原物有必要。返还原物有必要是指返还应有实际意义,如果非法占有财物是特定物,一般情况下均应返还,如果是种类物,当返还费用高于或等于非法占有物价值时,也可以不返还原物。如果原物不存在或者返还没有必要,非法占有人可免除返还原物的责任。

(3)恢复原状。恢复原状是指将损坏的东西重新修复,引申下去,可以指恢复权利至未被侵害时的状态。恢复原状的适用,一般应具备恢复的可能和有修复的必要这样的条件,如果恢复原状在不具备上述条件的情况下,可以用赔偿损失来替代。

(4)排除妨害。排除妨害是指将妨害他人权利的障碍予以排除,受害人对他人的违法妨害行为既有权请求加害人自行排除,也可以请求人民法院强制排除。

(5)消除危险。消除危险是指因行为人实施的行为或者设置的物件等,有造成他人损害或再次造成他人损害的危险时,受害人有权请求行为人将危险排除。这里所说的危险是现实存在的,而不是一种潜在的可能。在土地承包这一法律关系中,只要发包方的行为对承包方的权益有致害的可能,承包方就可以要求发包方承担消除危险的责任。

(6)赔偿损失。赔偿损失是违法行为人对违法行为造成的损害所承担的补偿对方损失的民事法律责任方式。赔偿损失是适用范围最为广泛的一种责任形式。赔偿损失方式包括实物赔偿和金钱赔偿两种。承担赔偿损失责任,其前提是违法行为人的违法行为确实给受害方造成了损害后果,即损害事实是赔偿损失责任的构成要件,如果没有损害事实,则不适用赔偿损失。赔偿损失应当贯彻完全赔偿的原则,凡属于违法行为人的违法行为给受害方造成的损失,违法行为人都应当予以赔偿。

该条规定的 6 种承担民事责任的方式,既可以单独适用,也可以合并适用。

102. 当事人对违约责任没有约定的时候,违约方如何承担违约责任?

违约方如何承担违约责任?即关于承担违约责任的方式、损失赔偿额的确定、违约金、违约金与定金的选择适用、违约责任的免除、违约责任与侵权责任的竞合等内容,土地承包合同违约责任的承担依照《民法典》合同编的规定。

《民法典》合同编设专章规定了违约责任,共 18 条。规定了违约责任的承担方式有继续履行、采取补救措施、赔偿损失等。是否继续履行,可由没有违约的一方当事人选择,如可以要求违约方继续支付合同约定的而违约方未支付的价款或者报酬;可以要求违约方继续履行提供生产、技术、信息等非金钱债务,也可以要求其赔偿损失。关于采取补救措施,如发包方提供的农用工具不符合合同约定的质量,承包方可以根据发包方供给的农用工具的具体情况及损失的大小,合理选择要求发包方承担修理、更换、重作、退货、减少价款或者报酬等违约责任。违约方在履行义务或者采取补救措施后,对方还有其他损失的,应当赔偿损失。赔偿损失是承担违约责任的最基本的方式,《民法典》第 584 条规定,损失赔偿额应当相当于因违约所造成的损失,包括合同履行后可以获得的利益,但不得超过违约一方订立合同时预见到或者应当预见到的因违反合同可能造成的损失。《民法典》第591条还规定，当事人一方违约后，对方应当及时采取措施防止损失的扩大，没有及时采取措施致使损失扩大的，无权就扩大的损失请求赔偿。

103. 当事人对违约责任有约定的时候，违约方如何承担违约责任？

如果当事人在合同中约定了违约责任条款，违约发生后，首先应当按照合同的约定办理。例如，当事人在合同中约定了一方违约，由违约方向对方支付一定数额的违约金，或者约定了损失赔偿额的计算方法，则按此约定办理。《民法典》第585条第2款规定，约定的违约金低于造成的损失的，人民法院或者仲裁机构可以根据当事人的请求予以增加；约定的违约金过分高于造成的损失的，人民法院或者仲裁机构可以根据当事人的请求予以适当减少。第588条规定，当事人既约定了违约金，又约定了定金，一方违约时，对方可以选择适用违约金或者定金条款。定金不足以弥补一方违约造成的损失的，对方可以请求赔偿超过定金数额的损失。

此外，当事人一方明确表示或者以自己的行为表明不履行合同义务的，对方可以在履行期限届满之前要求其承担违约责任。因不可抗力不能履行合同的，根据不可抗力的影响，部分或者全部免除责任，但法律另有规定的除外。当事人迟延履行后发生不可抗力的，不能免除责任。当事人一方因不可抗力不能履行合同的，应当及时通知对方，以减轻可能给对方造成的损失，并应当在合理期限内提供证明。当事人双方都违反合同的，应当各自承担相应的责任。

104. 违反土地管理法律法规的，应当承担什么责任？

根据《农村土地承包法》第62条的规定："违反土地管理法规，非法征用、占用土地或者贪污、挪用土地征用补偿费用，构成犯罪的，依法追究刑事责任；造成他人损害的，应当承担损害赔偿等责任。”

根据《宪法》和《土地管理法》的规定，征用土地是国家为了社会公共利益的需要，将集体所有的土地转变为国有土地的一项制度。征用土地必须具备法律规定的条件：第一，征用土地是一种政府行为，只有国家为了公共利益的需要，才可以对农民集体所有的土地实行征用，其他任何单位和个人都没有征用的权力；第二，必须依法取得批准；第三，必须依法对被征地单位进行补偿；第四，征用土地的补偿费用收支状况必须公开，接受社会的监督。非法占用土地，主要是指违反土地管理法律、法规的规定，未经合法批准占用土地的行为。

《刑法》第342条规定，违反土地管理法规，非法占用耕地、林地等农用地、改变被占用土地用途，数量较大，造成耕地、林地等农用地大量毁坏的，处五年以下有期徒刑或者拘役，并处或者单处罚金。

征地补偿费用包括补偿费、安置补助费以及地上附着物和青苗补偿费。

关联法规

中华人民共和国农村土地承包经营纠纷调解仲裁法

（2009 年 6 月 27 日第十一届全国人民代表大会常务委员会第九次会议通过　2009 年 6 月 27 日中华人民共和国主席令第 14 号公布　自 2010 年 1 月 1 日起施行）

目　　录

第一章　总　　则

第一条　【立法目的】为了公正、及时解决农村土地承包经营纠纷，维护当事人的合法权益，促进农村经济发展和社会稳定，制定本法。

第二条　【适用范围】农村土地承包经营纠纷调解和仲裁，适用本法。

农村土地承包经营纠纷包括：

（一）因订立、履行、变更、解除和终止农村土地承包合同发生的纠纷；

（二）因农村土地承包经营权转包、出租、互换、转让、入股等流转发生的纠纷；

（三）因收回、调整承包地发生的纠纷；

（四）因确认农村土地承包经营权发生的纠纷；

（五）因侵害农村土地承包经营权发生的纠纷；

（六）法律、法规规定的其他农村土地承包经营纠纷。

因征收集体所有的土地及其补偿发生的纠纷，不属于农村土地承包仲裁委员会的受理范围，可以通过行政复议或者诉讼等方式解决。

第三条　【和解与调解】发生农村土地承包经营纠纷的，当事人可以自行和解，也可以请求村民委员会、乡（镇）人民政府等调解。

第四条　【申请仲裁与起诉】当事人和解、调解不成或者不愿和解、调解的，可以向农村土地承包仲裁委员会申请仲裁，也可以直接向人民法院起诉。

第五条　【调解、仲裁的原则】农村土地承包经营纠纷调解和仲裁，应当公开、公平、公正，便民高效，根据事实，符合法律，尊重社会公德。

第六条　【县级以上人民政府加强对调解、仲裁的指导】县级以上人民政府应当加强对农村土地承包经营纠纷调解和仲裁工作的指导。

县级以上人民政府农村土地承包管理部门及其他有关部门应当依照职责分工，支持有关调解组织和农村土地承包仲裁委员会依法开展工作。

第二章　调　　解

第七条　【村民委员会、乡镇人民政府应加强调解工作】村民委员会、乡（镇）人民政府应当加强农村土地承包经营纠纷的调解工作，帮助当事人达成协议解决纠纷。

第八条　【调解可以书面申请，也可以口头申请】当事人申请农村土地承包经营纠纷调解可以书面申请，也可以口头申请。口头申请的，由村民委员会或者乡（镇）人民政府当场记录申请人的基本情况、申请调解的纠纷事项、理由和时间。

第九条　【调解时，充分听取当事人陈述、讲解法律、政策】调解农村土地承包经营纠纷，村民委员会或者乡（镇）人民政府应当充分听取当事人对事实和理由的陈述，讲解有关法律以及国家政策，耐心疏导，帮助当事人达成协议。

第十条　【达成协议的，制作调解协议书】经调解达成协议的，村民委员会或者乡（镇）人民政府应当制作调解协议书。

调解协议书由双方当事人签名、盖章或者按指印，经调解人员签名并加盖调解组织印章后生效。

第十一条 【仲裁庭应当进行调解】仲裁庭对农村土地承包经营纠纷应当进行调解。调解达成协议的，仲裁庭应当制作调解书；调解不成的，应当及时作出裁决。

调解书应当写明仲裁请求和当事人协议的结果。调解书由仲裁员签名，加盖农村土地承包仲裁委员会印章，送达双方当事人。

调解书经双方当事人签收后，即发生法律效力。在调解书签收前当事人反悔的，仲裁庭应当及时作出裁决。

第三章 仲 裁

第一节 仲裁委员会和仲裁员

第十二条 【仲裁委员会的设立】农村土地承包仲裁委员会，根据解决农村土地承包经营纠纷的实际需要设立。农村土地承包仲裁委员会可以在县和不设区的市设立，也可以在设区的市或者其市辖区设立。

农村土地承包仲裁委员会在当地人民政府指导下设立。设立农村土地承包仲裁委员会的，其日常工作由当地农村土地承包管理部门承担。

第十三条 【仲裁委员会的组成】农村土地承包仲裁委员会由当地人民政府及其有关部门代表、有关人民团体代表、农村集体经济组织代表、农民代表和法律、经济等相关专业人员兼任组成，其中农民代表和法律、经济等相关专业人员不得少于组成人员的二分之一。

农村土地承包仲裁委员会设主任一人、副主任一至二人和委员若干人。主任、副主任由全体组成人员选举产生。

第十四条 【仲裁委员会的职责】农村土地承包仲裁委员会依法履行下列职责：

（一）聘任、解聘仲裁员；

（二）受理仲裁申请；

（三）监督仲裁活动。

农村土地承包仲裁委员会应当依照本法制定章程，对其组成人员的产生方式及任期、议事规则等作出规定。

第十五条　【仲裁员应具备的条件】农村土地承包仲裁委员会应当从公道正派的人员中聘任仲裁员。

仲裁员应当符合下列条件之一：

（一）从事农村土地承包管理工作满五年；

（二）从事法律工作或者人民调解工作满五年；

（三）在当地威信较高，并熟悉农村土地承包法律以及国家政策的居民。

第十六条　【仲裁员的培训】农村土地承包仲裁委员会应当对仲裁员进行农村土地承包法律以及国家政策的培训。

省、自治区、直辖市人民政府农村土地承包管理部门应当制定仲裁员培训计划，加强对仲裁员培训工作的组织和指导。

第十七条　【仲裁员渎职行为的处理】农村土地承包仲裁委员会组成人员、仲裁员应当依法履行职责，遵守农村土地承包仲裁委员会章程和仲裁规则，不得索贿受贿、徇私舞弊，不得侵害当事人的合法权益。

仲裁员有索贿受贿、徇私舞弊、枉法裁决以及接受当事人请客送礼等违法违纪行为的，农村土地承包仲裁委员会应当将其除名；构成犯罪的，依法追究刑事责任。

县级以上地方人民政府及有关部门应当受理对农村土地承包仲裁委员会组成人员、仲裁员违法违纪行为的投诉和举报，并依法组织查处。

第二节　申请和受理

第十八条　【申请仲裁的时效】农村土地承包经营纠纷申请仲裁的时效期间为二年，自当事人知道或者应当知道其权利被侵害之日起计算。

第十九条　【仲裁的当事人、第三人】农村土地承包经营纠纷仲裁的申请人、被申请人为当事人。家庭承包的，可以由农户代表人参加仲裁。当事人一方人数众多的，可以推选代表人参加仲裁。

与案件处理结果有利害关系的，可以申请作为第三人参加仲裁，或者由农村土地承包仲裁委员会通知其参加仲裁。

当事人、第三人可以委托代理人参加仲裁。

第二十条　【申请仲裁应具备的条件】申请农村土地承包经营纠纷仲裁应当

符合下列条件：

（一）申请人与纠纷有直接的利害关系；

（二）有明确的被申请人；

（三）有具体的仲裁请求和事实、理由；

（四）属于农村土地承包仲裁委员会的受理范围。

第二十一条 【申请仲裁应当提出仲裁申请书；口头申请的，记入笔录】当事人申请仲裁，应当向纠纷涉及的土地所在地的农村土地承包仲裁委员会递交仲裁申请书。仲裁申请书可以邮寄或者委托他人代交。仲裁申请书应当载明申请人和被申请人的基本情况，仲裁请求和所根据的事实、理由，并提供相应的证据和证据来源。

书面申请确有困难的，可以口头申请，由农村土地承包仲裁委员会记入笔录，经申请人核实后由其签名、盖章或者按指印。

第二十二条 【仲裁申请的受理与不受理】农村土地承包仲裁委员会应当对仲裁申请予以审查，认为符合本法第二十条规定的，应当受理。有下列情形之一的，不予受理；已受理的，终止仲裁程序：

（一）不符合申请条件；

（二）人民法院已受理该纠纷；

（三）法律规定该纠纷应当由其他机构处理；

（四）对该纠纷已有生效的判决、裁定、仲裁裁决、行政处理决定等。

第二十三条 【受理通知；不受理或终止仲裁的通知】农村土地承包仲裁委员会决定受理的，应当自收到仲裁申请之日起五个工作日内，将受理通知书、仲裁规则和仲裁员名册送达申请人；决定不予受理或者终止仲裁程序的，应当自收到仲裁申请或者发现终止仲裁程序情形之日起五个工作日内书面通知申请人，并说明理由。

第二十四条 【向被申请人送达受理通知书、仲裁申请书、副本、仲裁规则、仲裁员名册】农村土地承包仲裁委员会应当自受理仲裁申请之日起五个工作日内，将受理通知书、仲裁申请书副本、仲裁规则和仲裁员名册送达被申请人。

第二十五条 【被申请人答辩书副本送达申请人】被申请人应当自收到仲裁申请书副本之日起十日内向农村土地承包仲裁委员会提交答辩书；书面答辩确有困难的，可以口头答辩，由农村土地承包仲裁委员会记入笔录，经被申请人核实后由其签名、盖章或者按指印。农村土地承包仲裁委员会应当自收到答辩书之日起五个工作日内将答辩书副本送达申请人。被申请人未答辩的，不影响仲裁程序的进行。

第二十六条 【财产保全】一方当事人因另一方当事人的行为或者其他原因，可能使裁决不能执行或者难以执行的，可以申请财产保全。

当事人申请财产保全的，农村土地承包仲裁委员会应当将当事人的申请提交被申请人住所地或者财产所在地的基层人民法院。

申请有错误的，申请人应当赔偿被申请人因财产保全所遭受的损失。

第三节 仲裁庭的组成

第二十七条 【仲裁庭组成】仲裁庭由三名仲裁员组成，首席仲裁员由当事人共同选定，其他二名仲裁员由当事人各自选定；当事人不能选定的，由农村土地承包仲裁委员会主任指定。

事实清楚、权利义务关系明确、争议不大的农村土地承包经营纠纷，经双方当事人同意，可以由一名仲裁员仲裁。仲裁员由当事人共同选定或者由农村土地承包仲裁委员会主任指定。

农村土地承包仲裁委员会应当自仲裁庭组成之日起二个工作日内将仲裁庭组成情况通知当事人。

第二十八条 【仲裁员的回避】仲裁员有下列情形之一的，必须回避，当事人也有权以口头或者书面方式申请其回避：

（一）是本案当事人或者当事人、代理人的近亲属；

（二）与本案有利害关系；

（三）与本案当事人、代理人有其他关系，可能影响公正仲裁；

（四）私自会见当事人、代理人，或者接受当事人、代理人的请客送礼。

当事人提出回避申请，应当说明理由，在首次开庭前提出。回避事由在首次开庭后知道的，可以在最后一次开庭终结前提出。

第二十九条 【仲裁委员会对回避的决定】农村土地承包仲裁委员会对回避申请应当及时作出决定，以口头或者书面方式通知当事人，并说明理由。

仲裁员是否回避，由农村土地承包仲裁委员会主任决定；农村土地承包仲裁委员会主任担任仲裁员时，由农村土地承包仲裁委员会集体决定。

仲裁员因回避或者其他原因不能履行职责的，应当依照本法规定重新选定或者指定仲裁员。

第四节　开庭和裁决

第三十条　【开庭】农村土地承包经营纠纷仲裁应当开庭进行。

开庭可以在纠纷涉及的土地所在地的乡(镇)或者村进行,也可以在农村土地承包仲裁委员会所在地进行。当事人双方要求在乡(镇)或者村开庭的,应当在该乡(镇)或者村开庭。

开庭应当公开,但涉及国家秘密、商业秘密和个人隐私以及当事人约定不公开的除外。

第三十一条　【开庭时间、地点的通知】仲裁庭应当在开庭五个工作日前将开庭的时间、地点通知当事人和其他仲裁参与人。

当事人有正当理由的,可以向仲裁庭请求变更开庭的时间、地点。是否变更,由仲裁庭决定。

第三十二条　【自行和解】当事人申请仲裁后,可以自行和解。达成和解协议的,可以请求仲裁庭根据和解协议作出裁决书,也可以撤回仲裁申请。

第三十三条　【仲裁请求的放弃和变更】申请人可以放弃或者变更仲裁请求。被申请人可以承认或者反驳仲裁请求,有权提出反请求。

第三十四条　【终止仲裁】仲裁庭作出裁决前,申请人撤回仲裁申请的,除被申请人提出反请求的外,仲裁庭应当终止仲裁。

第三十五条　【撤回仲裁申请,缺席裁决】申请人经书面通知,无正当理由不到庭或者未经仲裁庭许可中途退庭的,可以视为撤回仲裁申请。

被申请人经书面通知,无正当理由不到庭或者未经仲裁庭许可中途退庭的,可以缺席裁决。

第三十六条　【当事人在开庭中的权利】当事人在开庭过程中有权发表意见、陈述事实和理由、提供证据、进行质证和辩论。对不通晓当地通用语言文字的当事人,农村土地承包仲裁委员会应当为其提供翻译。

第三十七条　【谁主张,谁举证】当事人应当对自己的主张提供证据。与纠纷有关的证据由作为当事人一方的发包方等掌握管理的,该当事人应当在仲裁庭指定的期限内提供,逾期不提供的,应当承担不利后果。

第三十八条　【仲裁庭收集证据】仲裁庭认为有必要收集的证据,可以自行收集。

第三十九条　【鉴定】仲裁庭对专门性问题认为需要鉴定的，可以交由当事人约定的鉴定机构鉴定；当事人没有约定的，由仲裁庭指定的鉴定机构鉴定。

根据当事人的请求或者仲裁庭的要求，鉴定机构应当派鉴定人参加开庭。当事人经仲裁庭许可，可以向鉴定人提问。

第四十条　【证据应当当庭出示】证据应当在开庭时出示，但涉及国家秘密、商业秘密和个人隐私的证据不得在公开开庭时出示。

仲裁庭应当依照仲裁规则的规定开庭，给予双方当事人平等陈述、辩论的机会，并组织当事人进行质证。经仲裁庭查证属实的证据，应当作为认定事实的根据。

第四十一条　【证据保全】在证据可能灭失或者以后难以取得的情况下，当事人可以申请证据保全。当事人申请证据保全的，农村土地承包仲裁委员会应当将当事人的申请提交证据所在地的基层人民法院。

第四十二条　【先行裁定】对权利义务关系明确的纠纷，经当事人申请，仲裁庭可以先行裁定维持现状、恢复农业生产以及停止取土、占地等行为。一方当事人不履行先行裁定的，另一方当事人可以向人民法院申请执行，但应当提供相应的担保。

第四十三条　【笔录】仲裁庭应当将开庭情况记入笔录，由仲裁员、记录人员、当事人和其他仲裁参与人签名、盖章或者按指印。

当事人和其他仲裁参与人认为对自己陈述的记录有遗漏或者差错的，有权申请补正。如果不予补正，应当记录该申请。

第四十四条　【裁决书的制作】仲裁庭应当根据认定的事实和法律以及国家政策作出裁决并制作裁决书。裁决应当按照多数仲裁员的意见作出，少数仲裁员的不同意见可以记入笔录。仲裁庭不能形成多数意见时，裁决应当按照首席仲裁员的意见作出。

第四十五条　【裁决书的内容、送达】裁决书应当写明仲裁请求、争议事实、裁决理由、裁决结果、裁决日期以及当事人不服仲裁裁决的起诉权利、期限，由仲裁员签名，加盖农村土地承包仲裁委员会印章。农村土地承包仲裁委员会应当在裁决作出之日起三个工作日内将裁决书送达当事人，并告知当事人不服仲裁裁决的起诉权利、期限。

第四十六条 【仲裁庭独立履行职责】仲裁庭依法独立履行职责,不受行政机关、社会团体和个人的干涉。

第四十七条 【仲裁期限】仲裁农村土地承包经营纠纷,应当自受理仲裁申请之日起六十日内结束;案情复杂需要延长的,经农村土地承包仲裁委员会主任批准可以延长,并书面通知当事人,但延长期限不得超过三十日。

第四十八条 【不服仲裁,可向法院起诉】当事人不服仲裁裁决的,可以自收到裁决书之日起三十日内向人民法院起诉。逾期不起诉的,裁决书即发生法律效力。

第四十九条 【申请执行】当事人对发生法律效力的调解书、裁决书,应当依照规定的期限履行。一方当事人逾期不履行的,另一方当事人可以向被申请人住所地或者财产所在地的基层人民法院申请执行。受理申请的人民法院应当依法执行。

第四章 附 则

第五十条 【农村土地定义】本法所称农村土地,是指农民集体所有和国家所有依法由农民集体使用的耕地、林地、草地,以及其他依法用于农业的土地。

第五十一条 【仲裁规则、仲裁委员会示范章程的制定】农村土地承包经营纠纷仲裁规则和农村土地承包仲裁委员会示范章程,由国务院农业、林业行政主管部门依照本法规定共同制定。

第五十二条 【仲裁不收费】农村土地承包经营纠纷仲裁不得向当事人收取费用,仲裁工作经费纳入财政预算予以保障。

第五十三条 【施行】本法自 2010 年 1 月 1 日起施行。

中华人民共和国土地管理法

（1986年6月25日第六届全国人民代表大会常务委员会第十六次会议通过
根据1988年12月29日第七届全国人民代表大会常务委员会第五次会议《关于修改〈中华人民共和国土地管理法〉的决定》第一次修正
1998年8月29日第九届全国人民代表大会常务委员会第四次会议修订
根据2004年8月28日第十届全国人民代表大会常务委员会第十一次会议《关于修改〈中华人民共和国土地管理法〉的决定》第二次修正
根据2019年8月26日第十三届全国人民代表大会常务委员会第十二次会议《关于修改〈中华人民共和国土地管理法〉、〈中华人民共和国城市房地产管理法〉的决定》第三次修正）

第一章　总　　则

第一条　为了加强土地管理，维护土地的社会主义公有制，保护、开发土地资源，合理利用土地，切实保护耕地，促进社会经济的可持续发展，根据宪法，制定本法。

第二条　中华人民共和国实行土地的社会主义公有制，即全民所有制和劳动群众集体所有制。

全民所有，即国家所有土地的所有权由国务院代表国家行使。

任何单位和个人不得侵占、买卖或者以其他形式非法转让土地。土地使用权可以依法转让。

国家为了公共利益的需要，可以依法对土地实行征收或者征用并给予补偿。

国家依法实行国有土地有偿使用制度。但是，国家在法律规定的范围内划拨国有土地使用权的除外。

第三条　十分珍惜、合理利用土地和切实保护耕地是我国的基本国策。各级人民政府应当采取措施,全面规划,严格管理,保护、开发土地资源,制止非法占用土地的行为。

第四条 国家实行土地用途管制制度。

国家编制土地利用总体规划,规定土地用途,将土地分为农用地、建设用地和未利用地。严格限制农用地转为建设用地,控制建设用地总量,对耕地实行特殊保护。

前款所称农用地是指直接用于农业生产的土地,包括耕地、林地、草地、农田水利用地、养殖水面等;建设用地是指建造建筑物、构筑物的土地,包括城乡住宅和公共设施用地、工矿用地、交通水利设施用地、旅游用地、军事设施用地等;未利用地是指农用地和建设用地以外的土地。

使用土地的单位和个人必须严格按照土地利用总体规划确定的用途使用土地。

第五条 国务院自然资源主管部门统一负责全国土地的管理和监督工作。

县级以上地方人民政府自然资源主管部门的设置及其职责,由省、自治区、直辖市人民政府根据国务院有关规定确定。

第六条 国务院授权的机构对省、自治区、直辖市人民政府以及国务院确定的城市人民政府土地利用和土地管理情况进行督察。

第七条 任何单位和个人都有遵守土地管理法律、法规的义务,并有权对违反土地管理法律、法规的行为提出检举和控告。

第八条 在保护和开发土地资源、合理利用土地以及进行有关的科学研究等方面成绩显著的单位和个人,由人民政府给予奖励。

第二章 土地的所有权和使用权

第九条 城市市区的土地属于国家所有。

农村和城市郊区的土地,除由法律规定属于国家所有的以外,属于农民集体所有;宅基地和自留地、自留山,属于农民集体所有。

第十条 国有土地和农民集体所有的土地,可以依法确定给单位或者个人使用。使用土地的单位和个人,有保护、管理和合理利用土地的义务。

第十一条 农民集体所有的土地依法属于村农民集体所有的,由村集体经济组织或者村民委员会经营、管理;已经分别属于村内两个以上农村集体经济组织的农民集体所有的，由村内各该农村集体经济组织或者村民小组经营、管理；已经属于乡（镇）农民集体所有的，由乡（镇）农村集体经济组织经营、管理。

第十二条 土地的所有权和使用权的登记，依照有关不动产登记的法律、行政法规执行。

依法登记的土地的所有权和使用权受法律保护，任何单位和个人不得侵犯。

第十三条 农民集体所有和国家所有依法由农民集体使用的耕地、林地、草地，以及其他依法用于农业的土地，采取农村集体经济组织内部的家庭承包方式承包，不宜采取家庭承包方式的荒山、荒沟、荒丘、荒滩等，可以采取招标、拍卖、公开协商等方式承包，从事种植业、林业、畜牧业、渔业生产。家庭承包的耕地的承包期为三十年，草地的承包期为三十年至五十年，林地的承包期为三十年至七十年；耕地承包期届满后再延长三十年，草地、林地承包期届满后依法相应延长。

国家所有依法用于农业的土地可以由单位或者个人承包经营，从事种植业、林业、畜牧业、渔业生产。

发包方和承包方应当依法订立承包合同，约定双方的权利和义务。承包经营土地的单位和个人，有保护和按照承包合同约定的用途合理利用土地的义务。

第十四条 土地所有权和使用权争议，由当事人协商解决；协商不成的，由人民政府处理。

单位之间的争议，由县级以上人民政府处理；个人之间、个人与单位之间的争议，由乡级人民政府或者县级以上人民政府处理。

当事人对有关人民政府的处理决定不服的，可以自接到处理决定通知之日起三十日内，向人民法院起诉。

在土地所有权和使用权争议解决前，任何一方不得改变土地利用现状。

第三章 土地利用总体规划

第十五条 各级人民政府应当依据国民经济和社会发展规划、国土整治和资源环境保护的要求、土地供给能力以及各项建设对土地的需求，组织编制土地利用总体规划。

土地利用总体规划的规划期限由国务院规定。

第十六条 下级土地利用总体规划应当依据上一级土地利用总体规划编制。

地方各级人民政府编制的土地利用总体规划中的建设用地总量不得超过上

一级土地利用总体规划确定的控制指标，耕地保有量不得低于上一级土地利用总体规划确定的控制指标。

省、自治区、直辖市人民政府编制的土地利用总体规划，应当确保本行政区域内耕地总量不减少。

第十七条 土地利用总体规划按照下列原则编制：

（一）落实国土空间开发保护要求，严格土地用途管制；

（二）严格保护永久基本农田，严格控制非农业建设占用农用地；

（三）提高土地节约集约利用水平；

（四）统筹安排城乡生产、生活、生态用地，满足乡村产业和基础设施用地合理需求，促进城乡融合发展；

（五）保护和改善生态环境，保障土地的可持续利用；

（六）占用耕地与开发复垦耕地数量平衡、质量相当。

第十八条 国家建立国土空间规划体系。编制国土空间规划应当坚持生态优先，绿色、可持续发展，科学有序统筹安排生态、农业、城镇等功能空间，优化国土空间结构和布局，提升国土空间开发、保护的质量和效率。

经依法批准的国土空间规划是各类开发、保护、建设活动的基本依据。已经编制国土空间规划的，不再编制土地利用总体规划和城乡规划。

第十九条 县级土地利用总体规划应当划分土地利用区，明确土地用途。

乡（镇）土地利用总体规划应当划分土地利用区，根据土地使用条件，确定每一块土地的用途，并予以公告。

第二十条 土地利用总体规划实行分级审批。

省、自治区、直辖市的土地利用总体规划，报国务院批准。

省、自治区人民政府所在地的市、人口在一百万以上的城市以及国务院指定的城市的土地利用总体规划，经省、自治区人民政府审查同意后，报国务院批准。

本条第二款、第三款规定以外的土地利用总体规划，逐级上报省、自治区、直辖市人民政府批准；其中，乡（镇）土地利用总体规划可以由省级人民政府授权的设区的市、自治州人民政府批准。

土地利用总体规划一经批准，必须严格执行。

第二十一条 城市建设用地规模应当符合国家规定的标准，充分利用现有建设用地，不占或者尽量少占农用地。

城市总体规划、村庄和集镇规划，应当与土地利用总体规划相衔接，城市总体规划、村庄和集镇规划中建设用地规模不得超过土地利用总体规划确定的城市和村庄、集镇建设用地规模。

在城市规划区内、村庄和集镇规划区内，城市和村庄、集镇建设用地应当符合城市规划、村庄和集镇规划。

第二十二条 江河、湖泊综合治理和开发利用规划，应当与土地利用总体规划相衔接。在江河、湖泊、水库的管理和保护范围以及蓄洪滞洪区内，土地利用应当符合江河、湖泊综合治理和开发利用规划，符合河道、湖泊行洪、蓄洪和输水的要求。

第二十三条 各级人民政府应当加强土地利用计划管理，实行建设用地总量控制。

土地利用年度计划，根据国民经济和社会发展计划、国家产业政策、土地利用总体规划以及建设用地和土地利用的实际状况编制。土地利用年度计划应当对本法第六十三条规定的集体经营性建设用地作出合理安排。土地利用年度计划的编制审批程序与土地利用总体规划的编制审批程序相同，一经审批下达，必须严格执行。

第二十四条 省、自治区、直辖市人民政府应当将土地利用年度计划的执行情况列为国民经济和社会发展计划执行情况的内容，向同级人民代表大会报告。

第二十五条 经批准的土地利用总体规划的修改，须经原批准机关批准；未经批准，不得改变土地利用总体规划确定的土地用途。

经国务院批准的大型能源、交通、水利等基础设施建设用地，需要改变土地利用总体规划的，根据国务院的批准文件修改土地利用总体规划。

经省、自治区、直辖市人民政府批准的能源、交通、水利等基础设施建设用地，需要改变土地利用总体规划的，属于省级人民政府土地利用总体规划批准权限内的，根据省级人民政府的批准文件修改土地利用总体规划。

第二十六条 国家建立土地调查制度。

县级以上人民政府自然资源主管部门会同同级有关部门进行土地调查。土地所有者或者使用者应当配合调查，并提供有关资料。

第二十七条 县级以上人民政府自然资源主管部门会同同级有关部门根据土地调查成果、规划土地用途和国家制定的统一标准，评定土地等级。

第二十八条 国家建立土地统计制度。

县级以上人民政府统计机构和自然资源主管部门依法进行土地统计调查,定期发布土地统计资料。土地所有者或者使用者应当提供有关资料,不得拒报、迟报,不得提供不真实、不完整的资料。

统计机构和自然资源主管部门共同发布的土地面积统计资料是各级人民政府编制土地利用总体规划的依据。

第二十九条 国家建立全国土地管理信息系统,对土地利用状况进行动态监测。

第四章 耕地保护

第三十条 国家保护耕地,严格控制耕地转为非耕地。

国家实行占用耕地补偿制度。非农业建设经批准占用耕地的,按照"占多少,垦多少"的原则,由占用耕地的单位负责开垦与所占用耕地的数量和质量相当的耕地;没有条件开垦或者开垦的耕地不符合要求的,应当按照省、自治区、直辖市的规定缴纳耕地开垦费,专款用于开垦新的耕地。

省、自治区、直辖市人民政府应当制定开垦耕地计划,监督占用耕地的单位按照计划开垦耕地或者按照计划组织开垦耕地,并进行验收。

第三十一条 县级以上地方人民政府可以要求占用耕地的单位将所占用耕地耕作层的土壤用于新开垦耕地、劣质地或者其他耕地的土壤改良。

第三十二条 省、自治区、直辖市人民政府应当严格执行土地利用总体规划和土地利用年度计划,采取措施,确保本行政区域内耕地总量不减少、质量不降低。耕地总量减少的,由国务院责令在规定期限内组织开垦与所减少耕地的数量与质量相当的耕地;耕地质量降低的,由国务院责令在规定期限内组织整治。新开垦和整治的耕地由国务院自然资源主管部门会同农业农村主管部门验收。

个别省、直辖市确因土地后备资源匮乏,新增建设用地后,新开垦耕地的数量不足以补偿所占用耕地的数量的,必须报经国务院批准减免本行政区域内开垦耕地的数量,易地开垦数量和质量相当的耕地。

第三十三条 国家实行永久基本农田保护制度。下列耕地应当根据土地利用总体规划划为永久基本农田,实行严格保护:

(一)经国务院农业农村主管部门或者县级以上地方人民政府批准确定的粮、

棉、油、糖等重要农产品生产基地内的耕地；

（二）有良好的水利与水土保持设施的耕地，正在实施改造计划以及可以改造的中、低产田和已建成的高标准农田；

（三）蔬菜生产基地；

（四）农业科研、教学试验田；

（五）国务院规定应当划为永久基本农田的其他耕地。

各省、自治区、直辖市划定的永久基本农田一般应当占本行政区域内耕地的百分之八十以上，具体比例由国务院根据各省、自治区、直辖市耕地实际情况规定。

第三十四条 永久基本农田划定以乡（镇）为单位进行，由县级人民政府自然资源主管部门会同同级农业农村主管部门组织实施。永久基本农田应当落实到地块，纳入国家永久基本农田数据库严格管理。

乡（镇）人民政府应当将永久基本农田的位置、范围向社会公告，并设立保护标志。

第三十五条 永久基本农田经依法划定后，任何单位和个人不得擅自占用或者改变其用途。国家能源、交通、水利、军事设施等重点建设项目选址确实难以避让永久基本农田，涉及农用地转用或者土地征收的，必须经国务院批准。

禁止通过擅自调整县级土地利用总体规划、乡（镇）土地利用总体规划等方式规避永久基本农田农用地转用或者土地征收的审批。

第三十六条 各级人民政府应当采取措施，引导因地制宜轮作休耕，改良土壤，提高地力，维护排灌工程设施，防止土地荒漠化、盐渍化、水土流失和土壤污染。

第三十七条 非农业建设必须节约使用土地，可以利用荒地的，不得占用耕地；可以利用劣地的，不得占用好地。

禁止占用耕地建窑、建坟或者擅自在耕地上建房、挖砂、采石、采矿、取土等。

禁止占用永久基本农田发展林果业和挖塘养鱼。

第三十八条 禁止任何单位和个人闲置、荒芜耕地。已经办理审批手续的非农业建设占用耕地，一年内不用而又可以耕种并收获的，应当由原耕种该幅耕地的集体或者个人恢复耕种，也可以由用地单位组织耕种；一年以上未动工建设的，应当按照省、自治区、直辖市的规定缴纳闲置费；连续二年未使用的，经原批准机关批准，由县级以上人民政府无偿收回用地单位的土地使用权；该幅土地原为农民集体所有的，应当交由原农村集体经济组织恢复耕种。

在城市规划区范围内，以出让方式取得土地使用权进行房地产开发的闲置土地，依照《中华人民共和国城市房地产管理法》的有关规定办理。

第三十九条 国家鼓励单位和个人按照土地利用总体规划，在保护和改善生态环境、防止水土流失和土地荒漠化的前提下，开发未利用的土地；适宜开发为农用地的，应当优先开发成农用地。

国家依法保护开发者的合法权益。

第四十条 开垦未利用的土地，必须经过科学论证和评估，在土地利用总体规划划定的可开垦的区域内，经依法批准后进行。禁止毁坏森林、草原开垦耕地，禁止围湖造田和侵占江河滩地。

根据土地利用总体规划，对破坏生态环境开垦、围垦的土地，有计划有步骤地退耕还林、还牧、还湖。

第四十一条 开发未确定使用权的国有荒山、荒地、荒滩从事种植业、林业、畜牧业、渔业生产的，经县级以上人民政府依法批准，可以确定给开发单位或者个人长期使用。

第四十二条 国家鼓励土地整理。县、乡(镇)人民政府应当组织农村集体经济组织，按照土地利用总体规划，对田、水、路、林、村综合整治，提高耕地质量，增加有效耕地面积，改善农业生产条件和生态环境。

地方各级人民政府应当采取措施，改造中、低产田，整治闲散地和废弃地。

第四十三条 因挖损、塌陷、压占等造成土地破坏，用地单位和个人应当按照国家有关规定负责复垦；没有条件复垦或者复垦不符合要求的，应当缴纳土地复垦费，专项用于土地复垦。复垦的土地应当优先用于农业。

第五章 建设用地

第四十四条 建设占用土地，涉及农用地转为建设用地的，应当办理农用地转用审批手续。

永久基本农田转为建设用地的，由国务院批准。

在土地利用总体规划确定的城市和村庄、集镇建设用地规模范围内，为实施该规划而将永久基本农田以外的农用地转为建设用地的，按土地利用年度计划分批次按照国务院规定由原批准土地利用总体规划的机关或者其授权的机关批准。

在已批准的农用地转用范围内，具体建设项目用地可以由市、县人民政府批准。

在土地利用总体规划确定的城市和村庄、集镇建设用地规模范围外，将永久基本农田以外的农用地转为建设用地的，由国务院或者国务院授权的省、自治区、直辖市人民政府批准。

第四十五条 为了公共利益的需要，有下列情形之一，确需征收农民集体所有的土地的，可以依法实施征收：

（一）军事和外交需要用地的；

（二）由政府组织实施的能源、交通、水利、通信、邮政等基础设施建设需要用地的；

（三）由政府组织实施的科技、教育、文化、卫生、体育、生态环境和资源保护、防灾减灾、文物保护、社区综合服务、社会福利、市政公用、优抚安置、英烈保护等公共事业需要用地的；

（四）由政府组织实施的扶贫搬迁、保障性安居工程建设需要用地的；

（五）在土地利用总体规划确定的城镇建设用地范围内，经省级以上人民政府批准由县级以上地方人民政府组织实施的成片开发建设需要用地的；

（六）法律规定为公共利益需要可以征收农民集体所有的土地的其他情形。

前款规定的建设活动，应当符合国民经济和社会发展规划、土地利用总体规划、城乡规划和专项规划；第（四）项、第（五）项规定的建设活动，还应当纳入国民经济和社会发展年度计划；第（五）项规定的成片开发并应当符合国务院自然资源主管部门规定的标准。

第四十六条 征收下列土地的，由国务院批准：

（一）永久基本农田；

（二）永久基本农田以外的耕地超过三十五公顷的；

（三）其他土地超过七十公顷的。

征收前款规定以外的土地的，由省、自治区、直辖市人民政府批准。

征收农用地的，应当依照本法第四十四条的规定先行办理农用地转用审批。其中，经国务院批准农用地转用的，同时办理征地审批手续，不再另行办理征地审批；经省、自治区、直辖市人民政府在征地批准权限内批准农用地转用的，同时办理征地审批手续，不再另行办理征地审批，超过征地批准权限的，应当依照本条第一款的规定另行办理征地审批。

第四十七条 国家征收土地的，依照法定程序批准后，由县级以上地方人民政府予以公告并组织实施。

县级以上地方人民政府拟申请征收土地的，应当开展拟征收土地现状调查和社会稳定风险评估，并将征收范围、土地现状、征收目的、补偿标准、安置方式和社会保障等在拟征收土地所在的乡（镇）和村、村民小组范围内公告至少三十日，听取被征地的农村集体经济组织及其成员、村民委员会和其他利害关系人的意见。

多数被征地的农村集体经济组织成员认为征地补偿安置方案不符合法律、法规规定的，县级以上地方人民政府应当组织召开听证会，并根据法律、法规的规定和听证会情况修改方案。

拟征收土地的所有权人、使用权人应当在公告规定期限内，持不动产权属证明材料办理补偿登记。县级以上地方人民政府应当组织有关部门测算并落实有关费用，保证足额到位，与拟征收土地的所有权人、使用权人就补偿、安置等签订协议；个别确实难以达成协议的，应当在申请征收土地时如实说明。

相关前期工作完成后，县级以上地方人民政府方可申请征收土地。

第四十八条 征收土地应当给予公平、合理的补偿，保障被征地农民原有生活水平不降低、长远生计有保障。

征收土地应当依法及时足额支付土地补偿费、安置补助费以及农村村民住宅、其他地上附着物和青苗等的补偿费用，并安排被征地农民的社会保障费用。

征收农用地的土地补偿费、安置补助费标准由省、自治区、直辖市通过制定公布区片综合地价确定。制定区片综合地价应当综合考虑土地原用途、土地资源条件、土地产值、土地区位、土地供求关系、人口以及经济社会发展水平等因素，并至少每三年调整或者重新公布一次。

征收农用地以外的其他土地、地上附着物和青苗等的补偿标准，由省、自治区、直辖市制定。对其中的农村村民住宅，应当按照先补偿后搬迁、居住条件有改善的原则，尊重农村村民意愿，采取重新安排宅基地建房、提供安置房或者货币补偿等方式给予公平、合理的补偿，并对因征收造成的搬迁、临时安置等费用予以补偿，保障农村村民居住的权利和合法的住房财产权益。

县级以上地方人民政府应当将被征地农民纳入相应的养老等社会保障体系。被征地农民的社会保障费用主要用于符合条件的被征地农民的养老保险等社会保险缴费补贴。被征地农民社会保障费用的筹集、管理和使用办法，由省、自治区、直辖市制定。

第四十九条 被征地的农村集体经济组织应当将征收土地的补偿费用的收支状况向本集体经济组织的成员公布，接受监督。

禁止侵占、挪用被征收土地单位的征地补偿费用和其他有关费用。

第五十条 地方各级人民政府应当支持被征地的农村集体经济组织和农民从事开发经营，兴办企业。

第五十一条 大中型水利、水电工程建设征收土地的补偿费标准和移民安置办法，由国务院另行规定。

第五十二条 建设项目可行性研究论证时，自然资源主管部门可以根据土地利用总体规划、土地利用年度计划和建设用地标准，对建设用地有关事项进行审查，并提出意见。

第五十三条 经批准的建设项目需要使用国有建设用地的，建设单位应当持法律、行政法规规定的有关文件，向有批准权的县级以上人民政府自然资源主管部门提出建设用地申请，经自然资源主管部门审查，报本级人民政府批准。

第五十四条 建设单位使用国有土地，应当以出让等有偿使用方式取得；但是，下列建设用地，经县级以上人民政府依法批准，可以以划拨方式取得：

（一）国家机关用地和军事用地；

（二）城市基础设施用地和公益事业用地；

（三）国家重点扶持的能源、交通、水利等基础设施用地；

（四）法律、行政法规规定的其他用地。

第五十五条 以出让等有偿使用方式取得国有土地使用权的建设单位，按照国务院规定的标准和办法，缴纳土地使用权出让金等土地有偿使用费和其他费用后，方可使用土地。

自本法施行之日起，新增建设用地的土地有偿使用费，百分之三十上缴中央财政，百分之七十留给有关地方人民政府。具体使用管理办法由国务院财政部门会同有关部门制定，并报国务院批准。

第五十六条 建设单位使用国有土地的，应当按照土地使用权出让等有偿使用合同的约定或者土地使用权划拨批准文件的规定使用土地；确需改变该幅土地建设用途的，应当经有关人民政府自然资源主管部门同意，报原批准用地的人民政府批准。其中，在城市规划区内改变土地用途的，在报批前，应当先经有关城市规划行政主管部门同意。

第五十七条 建设项目施工和地质勘查需要临时使用国有土地或者农民集体所有的土地的,由县级以上人民政府自然资源主管部门批准。其中,在城市规划区内的临时用地,在报批前,应当先经有关城市规划行政主管部门同意。土地使用者应当根据土地权属,与有关自然资源主管部门或者农村集体经济组织、村民委员会签订临时使用土地合同,并按照合同的约定支付临时使用土地补偿费。

临时使用土地的使用者应当按照临时使用土地合同约定的用途使用土地,并不得修建永久性建筑物。

临时使用土地期限一般不超过二年。

第五十八条 有下列情形之一的,由有关人民政府自然资源主管部门报经原批准用地的人民政府或者有批准权的人民政府批准,可以收回国有土地使用权:

(一)为实施城市规划进行旧城区改建以及其他公共利益需要,确需使用土地的;

(二)土地出让等有偿使用合同约定的使用期限届满,土地使用者未申请续期或者申请续期未获批准的;

(三)因单位撤销、迁移等原因,停止使用原划拨的国有土地的;

(四)公路、铁路、机场、矿场等经核准报废的。

依照前款第(一)项的规定收回国有土地使用权的,对土地使用权人应当给予适当补偿。

第五十九条 乡镇企业、乡(镇)村公共设施、公益事业、农村村民住宅等乡(镇)村建设,应当按照村庄和集镇规划,合理布局,综合开发,配套建设;建设用地,应当符合乡(镇)土地利用总体规划和土地利用年度计划,并依照本法第四十四条、第六十条、第六十一条、第六十二条的规定办理审批手续。

第六十条 农村集体经济组织使用乡(镇)土地利用总体规划确定的建设用地兴办企业或者与其他单位、个人以土地使用权入股、联营等形式共同举办企业的,应当持有关批准文件,向县级以上地方人民政府自然资源主管部门提出申请,按照省、自治区、直辖市规定的批准权限,由县级以上地方人民政府批准;其中,涉及占用农用地的,依照本法第四十四条的规定办理审批手续。

按照前款规定兴办企业的建设用地,必须严格控制。省、自治区、直辖市可以按照乡镇企业的不同行业和经营规模,分别规定用地标准。

第六十一条 乡（镇）村公共设施、公益事业建设，需要使用土地的，经乡（镇）人民政府审核，向县级以上地方人民政府自然资源主管部门提出申请，按照省、自治区、直辖市规定的批准权限，由县级以上地方人民政府批准；其中，涉及占用农用地的，依照本法第四十四条的规定办理审批手续。

第六十二条 农村村民一户只能拥有一处宅基地，其宅基地的面积不得超过省、自治区、直辖市规定的标准。

人均土地少、不能保障一户拥有一处宅基地的地区，县级人民政府在充分尊重农村村民意愿的基础上，可以采取措施，按照省、自治区、直辖市规定的标准保障农村村民实现户有所居。

农村村民建住宅，应当符合乡（镇）土地利用总体规划、村庄规划，不得占用永久基本农田，并尽量使用原有的宅基地和村内空闲地。编制乡（镇）土地利用总体规划、村庄规划应当统筹并合理安排宅基地用地，改善农村村民居住环境和条件。

农村村民住宅用地，由乡（镇）人民政府审核批准；其中，涉及占用农用地的，依照本法第四十四条的规定办理审批手续。

农村村民出卖、出租、赠与住宅后，再申请宅基地的，不予批准。

国家允许进城落户的农村村民依法自愿有偿退出宅基地，鼓励农村集体经济组织及其成员盘活利用闲置宅基地和闲置住宅。

国务院农业农村主管部门负责全国农村宅基地改革和管理有关工作。

第六十三条 土地利用总体规划、城乡规划确定为工业、商业等经营性用途，并经依法登记的集体经营性建设用地，土地所有权人可以通过出让、出租等方式交由单位或者个人使用，并应当签订书面合同，载明土地界址、面积、动工期限、使用期限、土地用途、规划条件和双方其他权利义务。

前款规定的集体经营性建设用地出让、出租等，应当经本集体经济组织成员的村民会议三分之二以上成员或者三分之二以上村民代表的同意。

通过出让等方式取得的集体经营性建设用地使用权可以转让、互换、出资、赠与或者抵押，但法律、行政法规另有规定或者土地所有权人、土地使用权人签订的书面合同另有约定的除外。

集体经营性建设用地的出租，集体建设用地使用权的出让及其最高年限、转让、互换、出资、赠与、抵押等，参照同类用途的国有建设用地执行。具体办法由国务院制定。

第六十四条 集体建设用地的使用者应当严格按照土地利用总体规划、城乡规划确定的用途使用土地。

第六十五条 在土地利用总体规划制定前已建的不符合土地利用总体规划确定的用途的建筑物、构筑物,不得重建、扩建。

第六十六条 有下列情形之一的,农村集体经济组织报经原批准用地的人民政府批准,可以收回土地使用权:

(一)为乡(镇)村公共设施和公益事业建设,需要使用土地的;

(二)不按照批准的用途使用土地的;

(三)因撤销、迁移等原因而停止使用土地的。

依照前款第(一)项规定收回农民集体所有的土地的,对土地使用权人应当给予适当补偿。

收回集体经营性建设用地使用权,依照双方签订的书面合同办理,法律、行政法规另有规定的除外。

第六章 监督检查

第六十七条 县级以上人民政府自然资源主管部门对违反土地管理法律、法规的行为进行监督检查。

县级以上人民政府农业农村主管部门对违反农村宅基地管理法律、法规的行为进行监督检查的,适用本法关于自然资源主管部门监督检查的规定。

土地管理监督检查人员应当熟悉土地管理法律、法规,忠于职守、秉公执法。

第六十八条 县级以上人民政府自然资源主管部门履行监督检查职责时,有权采取下列措施:

(一)要求被检查的单位或者个人提供有关土地权利的文件和资料,进行查阅或者予以复制;

(二)要求被检查的单位或者个人就有关土地权利的问题作出说明;

(三)进入被检查单位或者个人非法占用的土地现场进行勘测;

(四)责令非法占用土地的单位或者个人停止违反土地管理法律、法规的行为。

第六十九条 土地管理监督检查人员履行职责,需要进入现场进行勘测、要求有关单位或者个人提供文件、资料和作出说明的,应当出示土地管理监督检查证件。

第七十条 有关单位和个人对县级以上人民政府自然资源主管部门就土地违法行为进行的监督检查应当支持与配合，并提供工作方便，不得拒绝与阻碍土地管理监督检查人员依法执行职务。

第七十一条 县级以上人民政府自然资源主管部门在监督检查工作中发现国家工作人员的违法行为，依法应当给予处分的，应当依法予以处理；自己无权处理的，应当依法移送监察机关或者有关机关处理。

第七十二条 县级以上人民政府自然资源主管部门在监督检查工作中发现土地违法行为构成犯罪的，应当将案件移送有关机关，依法追究刑事责任；尚不构成犯罪的，应当依法给予行政处罚。

第七十三条 依照本法规定应当给予行政处罚，而有关自然资源主管部门不给予行政处罚的，上级人民政府自然资源主管部门有权责令有关自然资源主管部门作出行政处罚决定或者直接给予行政处罚，并给予有关自然资源主管部门的负责人处分。

第七章 法律责任

第七十四条 买卖或者以其他形式非法转让土地的，由县级以上人民政府自然资源主管部门没收违法所得；对违反土地利用总体规划擅自将农用地改为建设用地的，限期拆除在非法转让的土地上新建的建筑物和其他设施，恢复土地原状，对符合土地利用总体规划的，没收在非法转让的土地上新建的建筑物和其他设施；可以并处罚款；对直接负责的主管人员和其他直接责任人员，依法给予处分；构成犯罪的，依法追究刑事责任。

第七十五条 违反本法规定，占用耕地建窑、建坟或者擅自在耕地上建房、挖砂、采石、采矿、取土等，破坏种植条件的，或者因开发土地造成土地荒漠化、盐渍化的，由县级以上人民政府自然资源主管部门、农业农村主管部门等按照职责责令限期改正或者治理，可以并处罚款；构成犯罪的，依法追究刑事责任。

第七十六条 违反本法规定，拒不履行土地复垦义务的，由县级以上人民政府自然资源主管部门责令限期改正；逾期不改正的，责令缴纳复垦费，专项用于土地复垦，可以处以罚款。

第七十七条 未经批准或者采取欺骗手段骗取批准，非法占用土地的，由县级以上人民政府自然资源主管部门责令退还非法占用的土地，对违反土地利用总体规划擅自将农用地改为建设用地的，限期拆除在非法占用的土地上新建的建筑物和其他设施，恢复土地原状，对符合土地利用总体规划的，没收在非法占用的土地上新建的建筑物和其他设施，可以并处罚款；对非法占用土地单位的直接负责的主管人员和其他直接责任人员，依法给予处分；构成犯罪的，依法追究刑事责任。

超过批准的数量占用土地，多占的土地以非法占用土地论处。

第七十八条 农村村民未经批准或者采取欺骗手段骗取批准，非法占用土地建住宅的，由县级以上人民政府农业农村主管部门责令退还非法占用的土地，限期拆除在非法占用的土地上新建的房屋。

超过省、自治区、直辖市规定的标准，多占的土地以非法占用土地论处。

第七十九条 无权批准征收、使用土地的单位或者个人非法批准占用土地的，超越批准权限非法批准占用土地的，不按照土地利用总体规划确定的用途批准用地的，或者违反法律规定的程序批准占用、征收土地的，其批准文件无效，对非法批准征收、使用土地的直接负责的主管人员和其他直接责任人员，依法给予处分；构成犯罪的，依法追究刑事责任。非法批准、使用的土地应当收回，有关当事人拒不归还的，以非法占用土地论处。

非法批准征收、使用土地，对当事人造成损失的，依法应当承担赔偿责任。

第八十条 侵占、挪用被征收土地单位的征地补偿费用和其他有关费用，构成犯罪的，依法追究刑事责任；尚不构成犯罪的，依法给予处分。

第八十一条 依法收回国有土地使用权当事人拒不交出土地的，临时使用土地期满拒不归还的，或者不按照批准的用途使用国有土地的，由县级以上人民政府自然资源主管部门责令交还土地，处以罚款。

第八十二条 擅自将农民集体所有的土地通过出让、转让使用权或者出租等方式用于非农业建设，或者违反本法规定，将集体经营性建设用地通过出让、出租等方式交由单位或者个人使用的，由县级以上人民政府自然资源主管部门责令限期改正，没收违法所得，并处罚款。

第八十三条 依照本法规定，责令限期拆除在非法占用的土地上新建的建筑物和其他设施的，建设单位或者个人必须立即停止施工，自行拆除；对继续施工的，作出处罚决定的机关有权制止。建设单位或者个人对责令限期拆除的行政处罚决定不服的，可以在接到责令限期拆除决定之日起十五日内，向人民法院起诉；期满不起诉又不自行拆除的，由作出处罚决定的机关依法申请人民法院强制执行，费用由违法者承担。

第八十四条 自然资源主管部门、农业农村主管部门的工作人员玩忽职守、滥用职权、徇私舞弊，构成犯罪的，依法追究刑事责任；尚不构成犯罪的，依法给予处分。

第八章 附 则

第八十五条 外商投资企业使用土地的，适用本法；法律另有规定的，从其规定。

第八十六条 在根据本法第十八条的规定编制国土空间规划前，经依法批准的土地利用总体规划和城乡规划继续执行。

第八十七条 本法自1999年1月1日起施行。

中华人民共和国土地管理法实施条例

（1998年12月27日国务院令第256号发布
根据2011年1月8日《国务院关于废止和修改部分行政法规的决定》第一次修订 根据2014年7月29日《国务院关于修改部分行政法规的决定》第二次修订）

第一章 总 则

第一条 根据《中华人民共和国土地管理法》（以下简称《土地管理法》），制定本条例。

第二章　土地的所有权和使用权

第二条　下列土地属于全民所有即国家所有：

（一）城市市区的土地；

（二）农村和城市郊区中已经依法没收、征收、征购为国有的土地；

（三）国家依法征用的土地；

（四）依法不属于集体所有的林地、草地、荒地、滩涂及其他土地；

（五）农村集体经济组织全部成员转为城镇居民的，原属于其成员集体所有的土地；

（六）因国家组织移民、自然灾害等原因，农民成建制地集体迁移后不再使用的原属于迁移农民集体所有的土地。

第三条　国家依法实行土地登记发证制度。依法登记的土地所有权和土地使用权受法律保护，任何单位和个人不得侵犯。土地登记内容和土地权属证书式样由国务院土地行政主管部门统一规定。土地登记资料可以公开查询。确认林地、草原的所有权或者使用权，确认水面、滩涂的养殖使用权，分别依照《森林法》、《草原法》和《渔业法》的有关规定办理。

第四条　农民集体所有的土地，由土地所有者向土地所在地的县级人民政府土地行政主管部门提出土地登记申请，由县级人民政府登记造册，核发集体土地所有权证书，确认所有权。农民集体所有的土地依法用于非农业建设的，由土地使用者向土地所在地的县级人民政府土地行政主管部门提出土地登记申请，由县级人民政府登记造册，核发集体土地使用权证书，确认建设用地使用权。设区的市人民政府可以对市辖区内农民集体所有的土地实行统一登记。

第五条　单位和个人依法使用的国有土地，由土地使用者向土地所在地的县级以上人民政府土地行政主管部门提出土地登记申请，由县级以上人民政府登记造册，核发国有土地使用权证书，确认使用权。其中，中央国家机关使用的国有土地的登记发证，由国务院土地行政主管部门负责，具体登记发证办法由国务院土地行政主管部门会同国务院机关事务管理局等有关部门制定。未确定使用权的国有土地，由县级以上人民政府登记造册，负责保护管理。

第六条　依法改变土地所有权、使用权的，因依法转让地上建筑物、构筑物等附着物导致土地使用权转移的，必须向土地所在地的县级以上人民政府土地行政主管部门提出土地变更登记申请，由原土地登记机关依法进行土地所有权、使用权变更登记。土地所有权、使用权的变更，自变更登记之日起生效。依法改变土地用途的，必须持批准文件，向土地所在地的县级以上人民政府土地行政主管部门提出土地变更登记申请，由原土地登记机关依法进行变更登记。

第七条 依照《土地管理法》的有关规定，收回用地单位的土地使用权的，由原土地登记机关注销土地登记。土地使用权有偿使用合同约定的使用期限届满，土地使用者未申请续期或者虽申请续期未获批准的，由原土地登记机关注销土地登记。

第三章 土地利用总体规划

第八条 全国土地利用总体规划，由国务院土地行政主管部门会同国务院有关部门编制，报国务院批准。省、自治区、直辖市的土地利用总体规划，由省、自治区、直辖市人民政府组织本级土地行政主管部门和其他有关部门编制，报国务院批准。省、自治区人民政府所在地的市、人口在一百万以上的城市以及国务院指定的城市的土地利用总体规划，由各该市人民政府组织本级土地行政主管部门和其他有关部门编制，经省、自治区人民政府审查同意后，报国务院批准。

本条第一款、第二款、第三款规定以外的土地利用总体规划，由有关人民政府组织本级土地行政主管部门和其他有关部门编制，逐级上报省、自治区、直辖市人民政府批准；其中，乡（镇）土地利用总体规划，由乡（镇）人民政府编制，逐级上报省、自治区、直辖市人民政府或者省、自治区、直辖市人民政府授权的设区的市、自治州人民政府批准。

第九条 土地利用总体规划的规划期限一般为十五年。

第十条 依照《土地管理法》规定，土地利用总体规划应当将土地划分为农用地、建设用地和未利用地。县级和乡（镇）土地利用总体规划应当根据需要，划定基本农田保护区、土地开垦区、建设用地区和禁止开垦区等；其中，乡（镇）土地利用总体规划还应当根据土地使用条件，确定每一块土地的用途。

土地分类和划定土地利用区的具体办法，由国务院土地行政主管部门会同国务院有关部门制定。

第十一条 乡（镇）土地利用总体规划经依法批准后，乡（镇）人民政府应当在本行政区域内予以公告。

公告应当包括下列内容：

（一）规划目标；

（二）规划期限；

（三）规划范围；

（四）地块用途；

（五）批准机关和批准日期。

第十二条 依照《土地管理法》第二十六条第二款、第三款规定修改土地利用总体规划的，由原编制机关根据国务院或者省、自治区、直辖市人民政府的批准文件修改。修改后的土地利用总体规划应当报原批准机关批准。上一级土地利用总体规划修改后，涉及修改下一级土地利用总体规划的，由上一级人民政府通知下一级人民政府作出相应修改，并报原批准机关备案。

第十三条 各级人民政府应当加强土地利用年度计划管理，实行建设用地总量控制。土地利用年度计划一经批准下达，必须严格执行。土地利用年度计划应当包括下列内容：

（一）农用地转用计划指标；

（二）耕地保有量计划指标；

（三）土地开发整理计划指标。

第十四条 县级以上人民政府土地行政主管部门应当会同同级有关部门进行土地调查。

土地调查应当包括下列内容：

（一）土地权属；

（二）土地利用现状；

（三）土地条件。

地方土地利用现状调查结果，经本级人民政府审核，报上一级人民政府批准后，应当向社会公布；全国土地利用现状调查结果，报国务院批准后，应当向社会公布。土地调查规程，由国务院土地行政主管部门会同国务院有关部门制定。

第十五条 国务院土地行政主管部门会同国务院有关部门制定土地等级评定标准。县级以上人民政府土地行政主管部门应当会同同级有关部门根据土地等级评定标准，对土地等级进行评定。地方土地等级评定结果，经本级人民政府审核，报上一级人民政府土地行政主管部门批准后，应当向社会公布。根据国民经济和社会发展状况，土地等级每六年调整一次。

第四章 耕地保护

第十六条 在土地利用总体规划确定的城市和村庄、集镇建设用地范围内，为实施城市规划和村庄、集镇规划占用耕地，以及在土地利用总体规划确定的城市建设用地范围外的能源、交通、水利、矿山、军事设施等建设项目占用耕地的，分别由市、县人民政府、农村集体经济组织和建设单位依照《土地管理法》第三十一条的规定负责开垦耕地；没有条件开垦或者开垦的耕地不符合要求的，应当按照省、自治区、直辖市的规定缴纳耕地开垦费。

第十七条 禁止单位和个人在土地利用总体规划确定的禁止开垦区内从事土地开发活动。

在土地利用总体规划确定的土地开垦区内，开发未确定土地使用权的国有荒山、荒地、荒滩从事种植业、林业、畜牧业、渔业生产的，应当向土地所在地的县级以上人民政府土地行政主管部门提出申请，按照省、自治区、直辖市规定的权限，由县级以上地方人民政府批准。开发未确定土地使用权的国有荒山、荒地、荒滩从事种植业、林业、畜牧业或者渔业生产的，经县级以上地方人民政府依法批准，可以确定给开发单位或者个人长期使用，使用期限最长不得超过五十年。

第十八条 县、乡（镇）人民政府应当按照土地利用总体规划，组织农村集体经济组织制定土地整理方案，并组织实施。地方各级人民政府应当采取措施，按照土地利用总体规划推进土地整理。土地整理新增耕地面积的60%可以用作折抵建设占用耕地的补偿指标。土地整理所需费用，按照谁受益谁负担的原则，由农村集体经济组织和土地使用者共同承担。

第五章 建设用地

第十九条 建设占用土地，涉及农用地转为建设用地的，应当符合土地利用总体规划和土地利用年度计划中确定的农用地转用指标；城市和村庄、集镇建设占用土地，涉及农用地转用的，还应当符合城市规划和村庄、集镇规划。不符合规定的，不得批准农用地转为建设用地。

第二十条 在土地利用总体规划确定的城市建设用地范围内，为实施城市规划占用土地的，按照下列规定办理：

（一）市、县人民政府按照土地利用年度计划拟订农用地转用方案、补充耕地方案、征用土地方案，分批次逐级上报有批准权的人民政府。

（二）有批准权的人民政府土地行政主管部门对农用地转用方案、补充耕地方案、征用土地方案进行审查，提出审查意见，报有批准权的人民政府批准；其中，补充耕地方案由批准农用地转用方案的人民政府在批准农用地转用方案时一并批准。

（三）农用地转用方案、补充耕地方案、征用土地方案经批准后，由市、县人民政府组织实施，按具体建设项目分别供地。

在土地利用总体规划确定的村庄、集镇建设用地范围内，为实施村庄、集镇规划占用土地的，由市、县人民政府拟订农用地转用方案、补充耕地方案，依照前款规定的程序办理。

第二十一条 具体建设项目需要使用土地的，建设单位应当根据建设项目的总体设计一次申请，办理建设用地审批手续；分期建设的项目，可以根据可行性研究报告确定的方案分期申请建设用地，分期办理建设用地有关审批手续。

第二十二条 具体建设项目需要占用土地利用总体规划确定的城市建设用地范围内的国有建设用地的，按照下列规定办理：

（一）建设项目可行性研究论证时，由土地行政主管部门对建设项目用地有关事项进行审查，提出建设项目用地预审报告；可行性研究报告报批时，必须附具土地行政主管部门出具的建设项目用地预审报告。

（二）建设单位持建设项目的有关批准文件，向市、县人民政府土地行政主管部门提出建设用地申请，由市、县人民政府土地行政主管部门审查，拟订供地方案，报市、县人民政府批准；需要上级人民政府批准的，应当报上级人民政府批准。

（三）供地方案经批准后，由市、县人民政府向建设单位颁发建设用地批准书。有偿使用国有土地的，由市、县人民政府土地行政主管部门与土地使用者签订国有土地有偿使用合同；划拨使用国有土地的，由市、县人民政府土地行政主管部门向土地使用者核发国有土地划拨决定书。

（四）土地使用者应当依法申请土地登记。通过招标、拍卖方式提供国有建设用地使用权的，由市、县人民政府土地行政主管部门会同有关部门拟订方案，报市、县人民政府批准后，由市、县人民政府土地行政主管部门组织实施，并与土地使用者签订土地有偿使用合同。土地使用者应当依法申请土地登记。

第二十三条 具体建设项目需要使用土地的，必须依法申请使用土地利用总体规划确定的城市建设用地范围内的国有建设用地。能源、交通、水利、矿山、军事设施等建设项目确需使用土地利用总体规划确定的城市建设用地范围外的土地，涉及农用地的，按照下列规定办理：

（一）建设项目可行性研究论证时，由土地行政主管部门对建设项目用地有关事项进行审查，提出建设项目用地预审报告；可行性研究报告报批时，必须附具土地行政主管部门出具的建设项目用地预审报告。

（二）建设单位持建设项目的有关批准文件，向市、县人民政府土地行政主管部门提出建设用地申请，由市、县人民政府土地行政主管部门审查，拟订农用地转用方案、补充耕地方案、征用土地方案和供地方案（涉及国有农用地的，不拟订征用土地方案），经市、县人民政府审核同意后，逐级上报有批准权的人民政府批准；其中，补充耕地方案由批准农用地转用方案的人民政府在批准农用地转用方案时一并批准；供地方案由批准征用土地的人民政府在批准征用土地方案时一并批准（涉及国有农用地的，供地方案由批准农用地转用的人民政府在批准农用地转用方案时一并批准）。

（三）农用地转用方案、补充耕地方案、征用土地方案和供地方案经批准后，由市、县人民政府组织实施，向建设单位颁发建设用地批准书。有偿使用国有土地的，由市、县人民政府土地行政主管部门与土地使用者签订国有土地有偿使用合同；划拨使用国有土地的，由市、县人民政府土地行政主管部门向土地使用者核发国有土地划拨决定书。

（四）土地使用者应当依法申请土地登记。建设项目确需使用土地利用总体规划确定的城市建设用地范围外的土地，涉及农民集体所有的未利用地的，只报批征用土地方案和供地方案。

第二十四条 具体建设项目需要占用土地利用总体规划确定的国有未利用地的，按照省、自治区、直辖市的规定办理；但是，国家重点建设项目、军事设施和跨省、自治区、直辖市行政区域的建设项目以及国务院规定的其他建设项目用地，应当报国务院批准。

第二十五条 征用土地方案经依法批准后，由被征用土地所在地的市、县人民政府组织实施，并将批准征地机关、批准文号、征用土地的用途、范围、面积以及征地补偿标准、农业人员安置办法和办理征地补偿的期限等，在被征用土地所在地的乡（镇）、村予以公告。被征用土地的所有权人、使用权人应当在公告规定的期限内，持土地权属证书到公告指定的人民政府土地行政主管部门办理征地补偿登记。市、县人民政府土地行政主管部门根据经批准的征用土地方案，会同有关部门拟订征地补偿、安置方案，在被征用土地所在地的乡（镇）、村予以公告，听取被征用土地的农村集体经济组织和农民的意见。征地补偿、安置方案报市、县人民政府批准后，由市、县人民政府土地行政主管部门组织实施。对补偿标准有争议的，由县级以上地方人民政府协调；协调不成的，由批准征用土地的人民政府裁决。征地补偿、安置争议不影响征用土地方案的实施。征用土地的各项费用应当自征地补偿、安置方案批准之日起三个月内全额支付。

第二十六条 土地补偿费归农村集体经济组织所有；地上附着物及青苗补偿费归地上附着物及青苗的所有者所有。征用土地的安置补助费必须专款专用，不得挪作他用。需要安置的人员由农村集体经济组织安置的，安置补助费支付给农村集体经济组织，由农村集体经济组织管理和使用；由其他单位安置的，安置补助费支付给安置单位；不需要统一安置的，安置补助费发放给被安置人员个人或者征得被安置人员同意后用于支付被安置人员的保险费用。市、县和乡（镇）人民政府应当加强对安置补助费使用情况的监督。

第二十七条 抢险救灾等急需使用土地的，可以先行使用土地。其中，属于临时用地的，灾后应当恢复原状并交还原土地使用者使用，不再办理用地审批手续；属于永久性建设用地的，建设单位应当在灾情结束后六个月内申请补办建设用地审批手续。

第二十八条 建设项目施工和地质勘查需要临时占用耕地的，土地使用者应当自临时用地期满之日起一年内恢复种植条件。

第二十九条 国有土地有偿使用的方式包括：

（一）国有土地使用权出让；

（二）国有土地租赁；

（三）国有土地使用权作价出资或者入股。

第三十条 《土地管理法》第五十五条规定的新增建设用地的土地有偿使用费，是指国家在新增建设用地中应取得的平均土地纯收益。

第六章 监督检查

第三十一条 土地管理监督检查人员应当经过培训，经考核合格后，方可从事土地管理监督检查工作。

第三十二条 土地行政主管部门履行监督检查职责，除采取《土地管理法》第六十七条规定的措施外，还可以采取下列措施：

（一）询问违法案件的当事人、嫌疑人和证人；

（二）进入被检查单位或者个人非法占用的土地现场进行拍照、摄像；

（三）责令当事人停止正在进行的土地违法行为；

（四）对涉嫌土地违法的单位或者个人，停止办理有关土地审批、登记手续；

（五）责令违法嫌疑人在调查期间不得变卖、转移与案件有关的财物。

第三十三条 依照《土地管理法》第七十二条规定给予行政处分的，由责令作出行政处罚决定或者直接给予行政处罚决定的上级人民政府土地行政主管部门作出。对于警告、记过、记大过的行政处分决定，上级土地行政主管部门可以直接作出；对于降级、撤职、开除的行政处分决定，上级土地行政主管部门应当按照国家有关人事管理权限和处理程序的规定，向有关机关提出行政处分建议，由有关机关依法处理。

第七章 法律责任

第三十四条 违反本条例第十七条的规定，在土地利用总体规划确定的禁止开垦区内进行开垦的，由县级以上人民政府土地行政主管部门责令限期改正；逾期不改正的，依照《土地管理法》第七十六条的规定处罚。

第三十五条 在临时使用的土地上修建永久性建筑物、构筑物的，由县级以上人民政府土地行政主管部门责令限期拆除；逾期不拆除的，由作出处罚决定的机关依法申请人民法院强制执行。

第三十六条 对在土地利用总体规划制定前已建的不符合土地利用总体规划确定的用途的建筑物、构筑物重建、扩建的，由县级以上人民政府土地行政主管部门责令限期拆除；逾期不拆除的，由作出处罚决定的机关依法申请人民法院强制执行。

第三十七条 阻碍土地行政主管部门的工作人员依法执行职务的，依法给予治安管理处罚或者追究刑事责任。

第三十八条 依照《土地管理法》第七十三条的规定处以罚款的，罚款额为非法所得的50%以下。

第三十九条 依照《土地管理法》第八十一条的规定处以罚款的，罚款额为非法所得的5%以上20%以下。

第四十条 依照《土地管理法》第七十四条的规定处以罚款的，罚款额为耕地开垦费的二倍以下。

第四十一条 依照《土地管理法》第七十五条的规定处以罚款的，罚款额为土地复垦费的二倍以下。

第四十二条 依照《土地管理法》第七十六条的规定处以罚款的，罚款额为非法占用土地每平方米三十元以下。

第四十三条 依照《土地管理法》第八十条的规定处以罚款的，罚款额为非法占用土地每平方米十元以上三十元以下。

第四十四条 违反本条例第二十八条的规定，逾期不恢复种植条件的，由县级以上人民政府土地行政主管部门责令限期改正，可以处耕地复垦费二倍以下的罚款。

第四十五条 违反土地管理法律、法规规定，阻挠国家建设征用土地的，由县级以上人民政府土地行政主管部门责令交出土地；拒不交出土地的，申请人民法院强制执行。

第八章　附　　则

第四十六条 本条例自1999年1月1日起施行。1991年1月4日国务院发布的《中华人民共和国土地管理法实施条例》同时废止。

中华人民共和国耕地占用税法

（2018年12月29日第十三届全国人民
代表大会常务委员会第七次会议通过）

第一条 为了合理利用土地资源，加强土地管理，保护耕地，制定本法。

第二条 在中华人民共和国境内占用耕地建设建筑物、构筑物或者从事非农业建设的单位和个人，为耕地占用税的纳税人，应当依照本法规定缴纳耕地占用税。

占用耕地建设农田水利设施的，不缴纳耕地占用税。

本法所称耕地，是指用于种植农作物的土地。

第三条 耕地占用税以纳税人实际占用的耕地面积为计税依据，按照规定的适用税额一次性征收，应纳税额为纳税人实际占用的耕地面积（平方米）乘以适用税额。

第四条 耕地占用税的税额如下：

（一）人均耕地不超过一亩的地区（以县、自治县、不设区的市、市辖区为单位，下同），每平方米为十元至五十元；

（二）人均耕地超过一亩但不超过二亩的地区，每平方米为八元至四十元；

（三）人均耕地超过二亩但不超过三亩的地区，每平方米为六元至三十元；

（四）人均耕地超过三亩的地区，每平方米为五元至二十五元。

各地区耕地占用税的适用税额，由省、自治区、直辖市人民政府根据人均耕地面积和经济发展等情况，在前款规定的税额幅度内提出，报同级人民代表大会常务委员会决定，并报全国人民代表大会常务委员会和国务院备案。各省、自治区、直辖市耕地占用税适用税额的平均水平，不得低于本法所附《各省、自治区、直辖市耕地占用税平均税额表》规定的平均税额。

第五条 在人均耕地低于零点五亩的地区，省、自治区、直辖市可以根据当地经济发展情况，适当提高耕地占用税的适用税额，但提高的部分不得超过本法第四条第二款确定的适用税额的百分之五十。具体适用税额按照本法第四条第二款规定的程序确定。

第六条　占用基本农田的，应当按照本法第四条第二款或者第五条确定的当地适用税额，加按百分之一百五十征收。

第七条　军事设施、学校、幼儿园、社会福利机构、医疗机构占用耕地，免征耕地占用税。

铁路线路、公路线路、飞机场跑道、停机坪、港口、航道、水利工程占用耕地，减按每平方米二元的税额征收耕地占用税。

农村居民在规定用地标准以内占用耕地新建自用住宅，按照当地适用税额减半征收耕地占用税；其中农村居民经批准搬迁，新建自用住宅占用耕地不超过原宅基地面积的部分，免征耕地占用税。

农村烈士遗属、因公牺牲军人遗属、残疾军人以及符合农村最低生活保障条件的农村居民，在规定用地标准以内新建自用住宅，免征耕地占用税。

根据国民经济和社会发展的需要，国务院可以规定免征或者减征耕地占用税的其他情形，报全国人民代表大会常务委员会备案。

第八条　依照本法第七条第一款、第二款规定免征或者减征耕地占用税后，纳税人改变原占地用途，不再属于免征或者减征耕地占用税情形的，应当按照当地适用税额补缴耕地占用税。

第九条　耕地占用税由税务机关负责征收。

第十条　耕地占用税的纳税义务发生时间为纳税人收到自然资源主管部门办理占用耕地手续的书面通知的当日。纳税人应当自纳税义务发生之日起三十日内申报缴纳耕地占用税。

自然资源主管部门凭耕地占用税完税凭证或者免税凭证和其他有关文件发放建设用地批准书。

第十一条　纳税人因建设项目施工或者地质勘查临时占用耕地，应当依照本法的规定缴纳耕地占用税。纳税人在批准临时占用耕地期满之日起一年内依法复垦，恢复种植条件的，全额退还已经缴纳的耕地占用税。

第十二条　占用园地、林地、草地、农田水利用地、养殖水面、渔业水域滩涂以及其他农用地建设建筑物、构筑物或者从事非农业建设的，依照本法的规定缴纳耕地占用税。

占用前款规定的农用地的，适用税额可以适当低于本地区按照本法第四条第二款确定的适用税额，但降低的部分不得超过百分之五十。具体适用税额由省、自治区、直辖市人民政府提出，报同级人民代表大会常务委员会决定，并报全国人民代表大会常务委员会和国务院备案。

占用本条第一款规定的农用地建设直接为农业生产服务的生产设施的，不缴纳耕地占用税。

第十三条 税务机关应当与相关部门建立耕地占用税涉税信息共享机制和工作配合机制。县级以上地方人民政府自然资源、农业农村、水利等相关部门应当定期向税务机关提供农用地转用、临时占地等信息，协助税务机关加强耕地占用税征收管理。

税务机关发现纳税人的纳税申报数据资料异常或者纳税人未按照规定期限申报纳税的，可以提请相关部门进行复核，相关部门应当自收到税务机关复核申请之日起三十日内向税务机关出具复核意见。

第十四条 耕地占用税的征收管理，依照本法和《中华人民共和国税收征收管理法》的规定执行。

第十五条 纳税人、税务机关及其工作人员违反本法规定的，依照《中华人民共和国税收征收管理法》和有关法律法规的规定追究法律责任。

第十六条 本法自2019年9月1日起施行。2007年12月1日国务院公布的《中华人民共和国耕地占用税暂行条例》同时废止。

附：

各省、自治区、直辖市耕地占用税平均税额表

省、自治区、直辖市	平均税额(元/平方米)
上海	45
北京	40
天津	35
江苏、浙江、福建、广东	30
辽宁、湖北、湖南	25
河北、安徽、江西、山东、河南、重庆、四川	22.5
广西、海南、贵州、云南、陕西	20
山西、吉林、黑龙江	17.5
内蒙古、西藏、甘肃、青海、宁夏、新疆	12.5

中华人民共和国农民专业合作社法

（2006年10月31日第十届全国人民代表大会常务委员会第二十四次会议通过　2017年12月27日第十二届全国人民代表大会常务委员会第三十一次会议修订）

目　　录

第一章　总　　则

第一条　为了规范农民专业合作社的组织和行为，鼓励、支持、引导农民专业合作社的发展，保护农民专业合作社及其成员的合法权益，推进农业农村现代化，制定本法。

第二条　本法所称农民专业合作社，是指在农村家庭承包经营基础上，农产品的生产经营者或者农业生产经营服务的提供者、利用者，自愿联合、民主管理的互助性经济组织。

第三条　农民专业合作社以其成员为主要服务对象，开展以下一种或者多种业务：

（一）农业生产资料的购买、使用；

（二）农产品的生产、销售、加工、运输、贮藏及其他相关服务；

（三）农村民间工艺及制品、休闲农业和乡村旅游资源的开发经营等；

（四）与农业生产经营有关的技术、信息、设施建设运营等服务。

第四条 农民专业合作社应当遵循下列原则：

（一）成员以农民为主体；

（二）以服务成员为宗旨，谋求全体成员的共同利益；

（三）入社自愿、退社自由；

（四）成员地位平等，实行民主管理；

（五）盈余主要按照成员与农民专业合作社的交易量（额）比例返还。

第五条 农民专业合作社依照本法登记，取得法人资格。

农民专业合作社对由成员出资、公积金、国家财政直接补助、他人捐赠以及合法取得的其他资产所形成的财产，享有占有、使用和处分的权利，并以上述财产对债务承担责任。

第六条 农民专业合作社成员以其账户内记载的出资额和公积金份额为限对农民专业合作社承担责任。

第七条 国家保障农民专业合作社享有与其他市场主体平等的法律地位。

国家保护农民专业合作社及其成员的合法权益，任何单位和个人不得侵犯。

第八条 农民专业合作社从事生产经营活动，应当遵守法律，遵守社会公德、商业道德，诚实守信，不得从事与章程规定无关的活动。

第九条 农民专业合作社为扩大生产经营和服务的规模，发展产业化经营，提高市场竞争力，可以依法自愿设立或者加入农民专业合作社联合社。

第十条 国家通过财政支持、税收优惠和金融、科技、人才的扶持以及产业政策引导等措施，促进农民专业合作社的发展。

国家鼓励和支持公民、法人和其他组织为农民专业合作社提供帮助和服务。

对发展农民专业合作社事业做出突出贡献的单位和个人，按照国家有关规定予以表彰和奖励。

第十一条 县级以上人民政府应当建立农民专业合作社工作的综合协调机制，统筹指导、协调、推动农民专业合作社的建设和发展。

县级以上人民政府农业主管部门、其他有关部门和组织应当依据各自职责,对农民专业合作社的建设和发展给予指导、扶持和服务。

第二章 设立和登记

第十二条 设立农民专业合作社,应当具备下列条件:

(一)有五名以上符合本法第十九条、第二十条规定的成员;

(二)有符合本法规定的章程;

(三)有符合本法规定的组织机构;

(四)有符合法律、行政法规规定的名称和章程确定的住所;

(五)有符合章程规定的成员出资。

第十三条 农民专业合作社成员可以用货币出资,也可以用实物、知识产权、土地经营权、林权等可以用货币估价并可以依法转让的非货币财产,以及章程规定的其他方式作价出资;但是,法律、行政法规规定不得作为出资的财产除外。

农民专业合作社成员不得以对该社或者其他成员的债权,充抵出资;不得以缴纳的出资,抵销对该社或者其他成员的债务。

第十四条 设立农民专业合作社,应当召开由全体设立人参加的设立大会。设立时自愿成为该社成员的人为设立人。

设立大会行使下列职权:

(一)通过本社章程,章程应当由全体设立人一致通过;

(二)选举产生理事长、理事、执行监事或者监事会成员;

(三)审议其他重大事项。

第十五条 农民专业合作社章程应当载明下列事项:

(一)名称和住所;

(二)业务范围;

(三)成员资格及入社、退社和除名;

(四)成员的权利和义务;

(五)组织机构及其产生办法、职权、任期、议事规则;

(六)成员的出资方式、出资额,成员出资的转让、继承、担保;

(七)财务管理和盈余分配、亏损处理;

(八)章程修改程序;

（九）解散事由和清算办法；

（十）公告事项及发布方式；

（十一）附加表决权的设立、行使方式和行使范围；

（十二）需要载明的其他事项。

第十六条 设立农民专业合作社，应当向工商行政管理部门提交下列文件，申请设立登记：

（一）登记申请书；

（二）全体设立人签名、盖章的设立大会纪要；

（三）全体设立人签名、盖章的章程；

（四）法定代表人、理事的任职文件及身份证明；

（五）出资成员签名、盖章的出资清单；

（六）住所使用证明；

（七）法律、行政法规规定的其他文件。

登记机关应当自受理登记申请之日起二十日内办理完毕，向符合登记条件的申请者颁发营业执照，登记类型为农民专业合作社。

农民专业合作社法定登记事项变更的，应当申请变更登记。

登记机关应当将农民专业合作社的登记信息通报同级农业等有关部门。

农民专业合作社登记办法由国务院规定。办理登记不得收取费用。

第十七条 农民专业合作社应当按照国家有关规定，向登记机关报送年度报告，并向社会公示。

第十八条 农民专业合作社可以依法向公司等企业投资，以其出资额为限对所投资企业承担责任。

第三章 成　　员

第十九条 具有民事行为能力的公民，以及从事与农民专业合作社业务直接有关的生产经营活动的企业、事业单位或者社会组织，能够利用农民专业合作社提供的服务，承认并遵守农民专业合作社章程，履行章程规定的入社手续的，可以成为农民专业合作社的成员。但是，具有管理公共事务职能的单位不得加入农民专业合作社。

农民专业合作社应当置备成员名册，并报登记机关。

第二十条 农民专业合作社的成员中,农民至少应当占成员总数的百分之八十。

成员总数二十人以下的,可以有一个企业、事业单位或者社会组织成员;成员总数超过二十人的,企业、事业单位和社会组织成员不得超过成员总数的百分之五。

第二十一条 农民专业合作社成员享有下列权利:

(一)参加成员大会,并享有表决权、选举权和被选举权,按照章程规定对本社实行民主管理;

(二)利用本社提供的服务和生产经营设施;

(三)按照章程规定或者成员大会决议分享盈余;

(四)查阅本社的章程、成员名册、成员大会或者成员代表大会记录、理事会会议决议、监事会会议决议、财务会计报告、会计账簿和财务审计报告;

(五)章程规定的其他权利。

第二十二条 农民专业合作社成员大会选举和表决,实行一人一票制,成员各享有一票的基本表决权。

出资额或者与本社交易量(额)较大的成员按照章程规定,可以享有附加表决权。本社的附加表决权总票数,不得超过本社成员基本表决权总票数的百分之二十。享有附加表决权的成员及其享有的附加表决权数,应当在每次成员大会召开时告知出席会议的全体成员。

第二十三条 农民专业合作社成员承担下列义务:

(一)执行成员大会、成员代表大会和理事会的决议;

(二)按照章程规定向本社出资;

(三)按照章程规定与本社进行交易;

(四)按照章程规定承担亏损;

(五)章程规定的其他义务。

第二十四条 符合本法第十九条、第二十条规定的公民、企业、事业单位或者社会组织,要求加入已成立的农民专业合作社,应当向理事长或者理事会提出书面申请,经成员大会或者成员代表大会表决通过后,成为本社成员。

第二十五条 农民专业合作社成员要求退社的,应当在会计年度终了的三个月前向理事长或者理事会提出书面申请;其中,企业、事业单位或者社会组织成员退社,应当在会计年度终了的六个月前提出;章程另有规定的,从其规定。退社成员的成员资格自会计年度终了时终止。

第二十六条 农民专业合作社成员不遵守农民专业合作社的章程、成员大会或者成员代表大会的决议，或者严重危害其他成员及农民专业合作社利益的，可以予以除名。

成员的除名，应当经成员大会或者成员代表大会表决通过。

在实施前款规定时，应当为该成员提供陈述意见的机会。

被除名成员的成员资格自会计年度终了时终止。

第二十七条 成员在其资格终止前与农民专业合作社已订立的合同，应当继续履行；章程另有规定或者与本社另有约定的除外。

第二十八条 成员资格终止的，农民专业合作社应当按照章程规定的方式和期限，退还记载在该成员账户内的出资额和公积金份额；对成员资格终止前的可分配盈余，依照本法第四十四条的规定向其返还。

资格终止的成员应当按照章程规定分摊资格终止前本社的亏损及债务。

第四章 组织机构

第二十九条 农民专业合作社成员大会由全体成员组成，是本社的权力机构，行使下列职权：

（一）修改章程；

（二）选举和罢免理事长、理事、执行监事或者监事会成员；

（三）决定重大财产处置、对外投资、对外担保和生产经营活动中的其他重大事项；

（四）批准年度业务报告、盈余分配方案、亏损处理方案；

（五）对合并、分立、解散、清算，以及设立、加入联合社等作出决议；

（六）决定聘用经营管理人员和专业技术人员的数量、资格和任期；

（七）听取理事长或者理事会关于成员变动情况的报告，对成员的入社、除名等作出决议；

（八）公积金的提取及使用；

（九）章程规定的其他职权。

第三十条 农民专业合作社召开成员大会，出席人数应当达到成员总数三分之二以上。

成员大会选举或者作出决议，应当由本社成员表决权总数过半数通过；作出修改章程或者合并、分立、解散，以及设立、加入联合社的决议应当由本社成员表决权总数的三分之二以上通过。章程对表决权数有较高规定的，从其规定。

第三十一条 农民专业合作社成员大会每年至少召开一次，会议的召集由章程规定。有下列情形之一的，应当在二十日内召开临时成员大会：

（一）百分之三十以上的成员提议；

（二）执行监事或者监事会提议；

（三）章程规定的其他情形。

第三十二条 农民专业合作社成员超过一百五十人的，可以按照章程规定设立成员代表大会。成员代表大会按照章程规定可以行使成员大会的部分或者全部职权。

依法设立成员代表大会的，成员代表人数一般为成员总人数的百分之十，最低人数为五十一人。

第三十三条 农民专业合作社设理事长一名，可以设理事会。理事长为本社的法定代表人。

农民专业合作社可以设执行监事或者监事会。理事长、理事、经理和财务会计人员不得兼任监事。

理事长、理事、执行监事或者监事会成员，由成员大会从本社成员中选举产生，依照本法和章程的规定行使职权，对成员大会负责。

理事会会议、监事会会议的表决，实行一人一票。

第三十四条 农民专业合作社的成员大会、成员代表大会、理事会、监事会，应当将所议事项的决定作成会议记录，出席会议的成员、成员代表、理事、监事应当在会议记录上签名。

第三十五条 农民专业合作社的理事长或者理事会可以按照成员大会的决定聘任经理和财务会计人员，理事长或者理事可以兼任经理。经理按照章程规定或者理事会的决定，可以聘任其他人员。

经理按照章程规定和理事长或者理事会授权，负责具体生产经营活动。

第三十六条 农民专业合作社的理事长、理事和管理人员不得有下列行为：

（一）侵占、挪用或者私分本社资产；

（二）违反章程规定或者未经成员大会同意，将本社资金借贷给他人或者以本社资产为他人提供担保；

（三）接受他人与本社交易的佣金归为己有；

（四）从事损害本社经济利益的其他活动。

理事长、理事和管理人员违反前款规定所得的收入，应当归本社所有；给本社造成损失的，应当承担赔偿责任。

第三十七条 农民专业合作社的理事长、理事、经理不得兼任业务性质相同的其他农民专业合作社的理事长、理事、监事、经理。

第三十八条 执行与农民专业合作社业务有关公务的人员，不得担任农民专业合作社的理事长、理事、监事、经理或者财务会计人员。

第五章 财务管理

第三十九条 农民专业合作社应当按照国务院财政部门制定的财务会计制度进行财务管理和会计核算。

第四十条 农民专业合作社的理事长或者理事会应当按照章程规定，组织编制年度业务报告、盈余分配方案、亏损处理方案以及财务会计报告，于成员大会召开的十五日前，置备于办公地点，供成员查阅。

第四十一条 农民专业合作社与其成员的交易、与利用其提供的服务的非成员的交易，应当分别核算。

第四十二条 农民专业合作社可以按照章程规定或者成员大会决议从当年盈余中提取公积金。公积金用于弥补亏损、扩大生产经营或者转为成员出资。

每年提取的公积金按照章程规定量化为每个成员的份额。

第四十三条 农民专业合作社应当为每个成员设立成员账户，主要记载下列内容：

（一）该成员的出资额；

（二）量化为该成员的公积金份额；

（三）该成员与本社的交易量（额）。

第四十四条 在弥补亏损、提取公积金后的当年盈余，为农民专业合作社的可分配盈余。可分配盈余主要按照成员与本社的交易量（额）比例返还。

可分配盈余按成员与本社的交易量（额）比例返还的返还总额不得低于可分配盈余的百分之六十；返还后的剩余部分，以成员账户中记载的出资额和公积金份额，以及本社接受国家财政直接补助和他人捐赠形成的财产平均量化到成员的份额，按比例分配给本社成员。

经成员大会或者成员代表大会表决同意，可以将全部或者部分可分配盈余转为对农民专业合作社的出资，并记载在成员账户中。

具体分配办法按照章程规定或者经成员大会决议确定。

第四十五条 设立执行监事或者监事会的农民专业合作社，由执行监事或者监事会负责对本社的财务进行内部审计，审计结果应当向成员大会报告。

成员大会也可以委托社会中介机构对本社的财务进行审计。

第六章 合并、分立、解散和清算

第四十六条 农民专业合作社合并，应当自合并决议作出之日起十日内通知债权人。合并各方的债权、债务应当由合并后存续或者新设的组织承继。

第四十七条 农民专业合作社分立，其财产作相应的分割，并应当自分立决议作出之日起十日内通知债权人。分立前的债务由分立后的组织承担连带责任。但是，在分立前与债权人就债务清偿达成的书面协议另有约定的除外。

第四十八条 农民专业合作社因下列原因解散：

（一）章程规定的解散事由出现；

（二）成员大会决议解散；

（三）因合并或者分立需要解散；

（四）依法被吊销营业执照或者被撤销。

因前款第一项、第二项、第四项原因解散的，应当在解散事由出现之日起十五日内由成员大会推举成员组成清算组，开始解散清算。逾期不能组成清算组的，成员、债权人可以向人民法院申请指定成员组成清算组进行清算，人民法院应当受理该申请，并及时指定成员组成清算组进行清算。

第四十九条 清算组自成立之日起接管农民专业合作社，负责处理与清算有关未了结业务，清理财产和债权、债务，分配清偿债务后的剩余财产，代表农民专业合作社参与诉讼、仲裁或者其他法律程序，并在清算结束时办理注销登记。

第五十条 清算组应当自成立之日起十日内通知农民专业合作社成员和债权人，并于六十日内在报纸上公告。债权人应当自接到通知之日起三十日内，未接到通知的自公告之日起四十五日内，向清算组申报债权。如果在规定期间内全部成员、债权人均已收到通知，免除清算组的公告义务。

债权人申报债权，应当说明债权的有关事项，并提供证明材料。清算组应当对债权进行审查、登记。

在申报债权期间，清算组不得对债权人进行清偿。

第五十一条 农民专业合作社因本法第四十八条第一款的原因解散，或者人民法院受理破产申请时，不能办理成员退社手续。

第五十二条 清算组负责制定包括清偿农民专业合作社员工的工资及社会保险费用，清偿所欠税款和其他各项债务，以及分配剩余财产在内的清算方案，经成员大会通过或者申请人民法院确认后实施。

清算组发现农民专业合作社的财产不足以清偿债务的，应当依法向人民法院申请破产。

第五十三条 农民专业合作社接受国家财政直接补助形成的财产，在解散、破产清算时，不得作为可分配剩余资产分配给成员，具体按照国务院财政部门有关规定执行。

第五十四条 清算组成员应当忠于职守，依法履行清算义务，因故意或者重大过失给农民专业合作社成员及债权人造成损失的，应当承担赔偿责任。

第五十五条 农民专业合作社破产适用企业破产法的有关规定。但是，破产财产在清偿破产费用和共益债务后，应当优先清偿破产前与农民成员已发生交易但尚未结清的款项。

第七章 农民专业合作社联合社

第五十六条 三个以上的农民专业合作社在自愿的基础上，可以出资设立农民专业合作社联合社。

农民专业合作社联合社应当有自己的名称、组织机构和住所，由联合社全体成员制定并承认的章程，以及符合章程规定的成员出资。

第五十七条 农民专业合作社联合社依照本法登记，取得法人资格，领取营业执照，登记类型为农民专业合作社联合社。

第五十八条 农民专业合作社联合社以其全部财产对该社的债务承担责任；农民专业合作社联合社的成员以其出资额为限对农民专业合作社联合社承担责任。

第五十九条 农民专业合作社联合社应当设立由全体成员参加的成员大会，

其职权包括修改农民专业合作社联合社章程，选举和罢免农民专业合作社联合社理事长、理事和监事，决定农民专业合作社联合社的经营方案及盈余分配，决定对外投资和担保方案等重大事项。

农民专业合作社联合社不设成员代表大会，可以根据需要设立理事会、监事会或者执行监事。理事长、理事应当由成员社选派的人员担任。

第六十条 农民专业合作社联合社的成员大会选举和表决，实行一社一票。

第六十一条 农民专业合作社联合社可分配盈余的分配办法，按照本法规定的原则由农民专业合作社联合社章程规定。

第六十二条 农民专业合作社联合社成员退社，应当在会计年度终了的六个月前以书面形式向理事会提出。退社成员的成员资格自会计年度终了时终止。

第六十三条 本章对农民专业合作社联合社没有规定的，适用本法关于农民专业合作社的规定。

第八章 扶持措施

第六十四条 国家支持发展农业和农村经济的建设项目，可以委托和安排有条件的农民专业合作社实施。

第六十五条 中央和地方财政应当分别安排资金，支持农民专业合作社开展信息、培训、农产品标准与认证、农业生产基础设施建设、市场营销和技术推广等服务。国家对革命老区、民族地区、边疆地区和贫困地区的农民专业合作社给予优先扶助。

县级以上人民政府有关部门应当依法加强对财政补助资金使用情况的监督。

第六十六条 国家政策性金融机构应当采取多种形式，为农民专业合作社提供多渠道的资金支持。具体支持政策由国务院规定。

国家鼓励商业性金融机构采取多种形式，为农民专业合作社及其成员提供金融服务。

国家鼓励保险机构为农民专业合作社提供多种形式的农业保险服务。鼓励农民专业合作社依法开展互助保险。

第六十七条 农民专业合作社享受国家规定的对农业生产、加工、流通、服务和其他涉农经济活动相应的税收优惠。

第六十八条 农民专业合作社从事农产品初加工用电执行农业生产用电价

格，农民专业合作社生产性配套辅助设施用地按农用地管理，具体办法由国务院有关部门规定。

第九章　法律责任

第六十九条　侵占、挪用、截留、私分或者以其他方式侵犯农民专业合作社及其成员的合法财产，非法干预农民专业合作社及其成员的生产经营活动，向农民专业合作社及其成员摊派，强迫农民专业合作社及其成员接受有偿服务，造成农民专业合作社经济损失的，依法追究法律责任。

第七十条　农民专业合作社向登记机关提供虚假登记材料或者采取其他欺诈手段取得登记的，由登记机关责令改正，可以处五千元以下罚款；情节严重的，撤销登记或者吊销营业执照。

第七十一条　农民专业合作社连续两年未从事经营活动的，吊销其营业执照。

第七十二条　农民专业合作社在依法向有关主管部门提供的财务报告等材料中，作虚假记载或者隐瞒重要事实的，依法追究法律责任。

第十章　附　　则

第七十三条　国有农场、林场、牧场、渔场等企业中实行承包租赁经营、从事农业生产经营或者服务的职工，兴办农民专业合作社适用本法。

第七十四条　本法自2018年7月1日起施行。

中华人民共和国农村土地承包经营权证管理办法

（2003年11月14日农业部令第33号公布
自2004年1月1日起施行）

第一条　为稳定和完善农村土地承包关系，维护承包方依法取得的土地承包经营权,加强农村土地承包经营权证管理,根据《中华人民共和国农村土地承包法》,制定本办法。

第二条 农村土地承包经营权证是农村土地承包合同生效后,国家依法确认承包方享有土地承包经营权的法律凭证。

农村土地承包经营权证只限承包方使用。

第三条 承包耕地、园地、荒山、荒沟、荒丘、荒滩等农村土地从事种植业生产活动,承包方依法取得农村土地承包经营权后,应颁发农村土地承包经营权证予以确认。

承包草原、水面、滩涂从事养殖业生产活动的,依照《中华人民共和国草原法》、《中华人民共和国渔业法》等有关规定确权发证。

第四条 实行家庭承包经营的承包方,由县级以上地方人民政府颁发农村土地承包经营权证。

实行其他方式承包经营的承包方,经依法登记,由县级以上地方人民政府颁发农村土地承包经营权证。

县级以上地方人民政府农业行政主管部门负责农村土地承包经营权证的备案、登记、发放等具体工作。

第五条 农村土地承包经营权证所载明的权利有效期限,应与依法签订的土地承包合同约定的承包期一致。

第六条 农村土地承包经营权证应包括以下内容:

(一)名称和编号;

(二)发证机关及日期;

(三)承包期限和起止日期;

(四)承包土地名称、坐落、面积、用途;

(五)农村土地承包经营权变动情况;

(六)其他应当注明的事项。

第七条 实行家庭承包的,按下列程序颁发农村土地承包经营权证:

(一)土地承包合同生效后,发包方应在30个工作日内,将土地承包方案、承包方及承包土地的详细情况、土地承包合同等材料一式两份报乡(镇)人民政府农村经营管理部门。

(二)乡(镇)人民政府农村经营管理部门对发包方报送的材料予以初审。材料符合规定的，及时登记造册，由乡（镇）人民政府向县级以上地方人民政府提出颁发农村土地承包经营权证的书面申请；材料不符合规定的，应在15个工作日内补正。

（三）县级以上地方人民政府农业行政主管部门对乡（镇）人民政府报送的申请材料予以审核。申请材料符合规定的，编制农村土地承包经营权证登记簿，报同级人民政府颁发农村土地承包经营权证；申请材料不符合规定的，书面通知乡（镇）人民政府补正。

第八条 实行招标、拍卖、公开协商等方式承包农村土地的，按下列程序办理农村土地承包经营权证：

（一）土地承包合同生效后，承包方填写农村土地承包经营权证登记申请书，报承包土地所在乡（镇）人民政府农村经营管理部门。

（二）乡（镇）人民政府农村经营管理部门对发包方和承包方的资格、发包程序、承包期限、承包地用途等予以初审，并在农村土地承包经营权证登记申请书上签署初审意见。

（三）承包方持乡（镇）人民政府初审通过的农村土地承包经营权登记申请书，向县级以上地方人民政府申请农村土地承包经营权证登记。

（四）县级以上地方人民政府农业行政主管部门对登记申请予以审核。申请材料符合规定的，编制农村土地承包经营权证登记簿，报请同级人民政府颁发农村土地承包经营权证；申请材料不符合规定的，书面通知申请人补正。

第九条 农村土地承包经营权证登记簿记载农村土地承包经营权的基本内容。农村土地承包经营权证、农村土地承包合同、农村土地承包经营权证登记簿记载的事项应一致。

第十条 农村土地承包经营权证登记簿、承包合同登记及其他登记材料，由县级以上地方农业行政主管部门管理。

农村土地承包方有权查阅、复制农村土地承包经营权证登记簿和其他登记材料。县级以上农业行政主管部门不得限制和阻挠。

第十一条 农村土地承包当事人认为农村土地承包经营权证和登记簿记载错误的，有权申请更正。

第十二条 乡（镇）农村经营管理部门和县级以上地方人民政府农业行政主管部门在办理农村土地承包经营权证过程中应当履行下列职责：

（一）查验申请人提交的有关材料；

（二）就有关登记事项询问申请人；

（三）如实、及时地登记有关事项；

（四）需要实地查看的，应进行查验。在实地查验过程中，申请人有义务给予协助。

第十三条 乡（镇）人民政府农村经营管理部门领取农村土地承包经营权证后，应在30个工作日内将农村土地承包经营权证发给承包方。发包方不得为承包方保存农村土地承包经营权证。

第十四条 承包期内，承包方采取转包、出租、入股方式流转土地承包经营权的，不须办理农村土地承包经营权证变更。

采取转让、互换方式流转土地承包经营权的，当事人可以要求办理农村土地承包经营权证变更登记。

因转让、互换以外的其他方式导致农村土地承包经营权分立、合并的，应当办理农村土地承包经营权证变更。

第十五条 办理农村土地承包经营权变更申请应提交以下材料：

（一）变更的书面请求；

（二）已变更的农村土地承包合同或其他证明材料；

（三）农村土地承包经营权证原件。

第十六条 乡（镇）人民政府农村经营管理部门受理变更申请后，应及时对申请材料进行审核。符合规定的，报请原发证机关办理变更手续，并在农村土地承包经营权证登记簿上记载。

第十七条 农村土地承包经营权证严重污损、毁坏、遗失的，承包方应向乡（镇）人民政府农村经营管理部门申请换发、补发。

经乡（镇）人民政府农村经营管理部门审核后，报请原发证机关办理换发、补发手续。

第十八条 办理农村土地承包经营权证换发、补发手续，应以农村土地经营权证登记簿记载的内容为准。

第十九条 农村土地承包经营权证换发、补发，应当在农村土地承包经营权证上注明“换发”、“补发”字样。

第二十条 承包期内，发生下列情形之一的，应依法收回农村土地承包经营权证：

（一）承包期内，承包方全家迁入设区的市，转为非农业户口的。

（二）承包期内，承包方提出书面申请，自愿放弃全部承包土地的。

（三）承包土地被依法征用、占用，导致农村土地承包经营权全部丧失的。

（四）其他收回土地承包经营权证的情形。

第二十一条 符合本办法第二十条规定，承包方无正当理由拒绝交回农村土地承包经营权证的，由原发证机关注销该证（包括编号），并予以公告。

第二十二条 收回的农村土地承包经营权证，应退回原发证机关，加盖“作废”章。

第二十三条 县级人民政府农业行政主管部门和乡（镇）人民政府要完善农村土地承包方案、农村土地承包合同、农村土地承包经营权证及其相关文件档案的管理制度，建立健全农村土地承包信息化管理系统。

第二十四条 地方各级人民政府农业行政主管部门要加强对农村土地承包经营权证的发放管理，确保农村土地承包经营权证全部落实到户。

第二十五条 对不按规定及时发放农村土地承包经营权证的责任人，予以批评教育；造成严重后果的，应追究行政责任。

第二十六条 颁发农村土地承包经营权证，除工本费外，不得向承包方收取任何费用。

农村土地承包经营权证工本费的支出要严格执行国家有关财务管理的规定。

第二十七条 本办法实施以前颁发的农村土地承包经营权证，符合《农村土地承包法》有关规定，并已加盖县级以上地方人民政府印章的，继续有效。个别条款如承包期限、承包方承担义务等违反《农村土地承包法》规定的，该条款无效，是否换发新证，由承包方决定。

未加盖县级以上地方人民政府印章的，应按本《办法》规定重新颁发。重新颁发农村土地承包经营权证，土地承包期限应符合《农村土地承包法》的有关规定，不得借机调整土地。

第二十八条 农村土地承包经营权证由农业部监制，由省级人民政府农业行政主管部门统一组织印制，加盖县级以上地方人民政府印章。

第二十九条 本办法由农业部负责解释。

第三十条 本办法自2004年1月1日起正式施行。

附件1：农村土地承包经营权证（样本）（略）

附件2:农村土地承包经营权证申请书(家庭承包方式样本)(略)

附件3:农村土地承包经营权证登记申请书(其他承包方式样本)(略)

附件4:农村土地承包经营权证登记簿(样本)(略)

农村土地承包经营权流转管理办法

(2005年1月19日农业部令第47号公布　自2005年3月1日起施行)

第一章　总　则

第一条　为规范农村土地承包经营权流转行为,维护流转双方当事人合法权益,促进农业和农村经济发展,根据《农村土地承包法》及有关规定制定本办法。

第二条　农村土地承包经营权流转应当在坚持农户家庭承包经营制度和稳定农村土地承包关系的基础上,遵循平等协商、依法、自愿、有偿的原则。

第三条　农村土地承包经营权流转不得改变承包土地的农业用途,流转期限不得超过承包期的剩余期限,不得损害利害关系人和农村集体经济组织的合法权益。

第四条　农村土地承包经营权流转应当规范有序。依法形成的流转关系应当受到保护。

第五条　县级以上人民政府农业行政主管(或农村经营管理)部门依照同级人民政府规定的职责负责本行政区域内的农村土地承包经营权流转及合同管理的指导。

第二章　流转当事人

第六条　承包方有权依法自主决定承包土地是否流转、流转的对象和方式。任何单位和个人不得强迫或者阻碍承包方依法流转其承包土地。

第七条 农村土地承包经营权流转收益归承包方所有，任何组织和个人不得侵占、截留、扣缴。

第八条 承包方自愿委托发包方或中介组织流转其承包土地的，应当由承包方出具土地流转委托书。委托书应当载明委托的事项、权限和期限等，并有委托人的签名或盖章。

没有承包方的书面委托，任何组织和个人无权以任何方式决定流转农户的承包土地。

第九条 农村土地承包经营权流转的受让方可以是承包农户，也可以是其他按有关法律及有关规定允许从事农业生产经营的组织和个人。在同等条件下，本集体经济组织成员享有优先权。

受让方应当具有农业经营能力。

第十条 农村土地承包经营权流转方式、期限和具体条件，由流转双方平等协商确定。

第十一条 承包方与受让方达成流转意向后，以转包、出租、互换或者其他方式流转的，承包方应当及时向发包方备案；以转让方式流转的，应当事先向发包方提出转让申请。

第十二条 受让方应当依照有关法律、法规的规定保护土地，禁止改变流转土地的农业用途。

第十三条 受让方将承包方以转包、出租方式流转的土地实行再流转，应当取得原承包方的同意。

第十四条 受让方在流转期间因投入而提高土地生产能力的，土地流转合同到期或者未到期由承包方依法收回承包土地时，受让方有权获得相应的补偿。具体补偿办法可以在土地流转合同中约定或双方通过协商解决。

第三章 流转方式

第十五条 承包方依法取得的农村土地承包经营权可以采取转包、出租、互换、转让或者其他符合有关法律和国家政策规定的方式流转。

第十六条 承包方依法采取转包、出租、入股方式将农村土地承包经营权部分或者全部流转的，承包方与发包方的承包关系不变，双方享有的权利和承担的义务不变。

第十七条 同一集体经济组织的承包方之间自愿将土地承包经营权进行互换,双方对互换土地原享有的承包权利和承担的义务也相应互换,当事人可以要求办理农村土地承包经营权证变更登记手续。

第十八条 承包方采取转让方式流转农村土地承包经营权的,经发包方同意后,当事人可以要求及时办理农村土地承包经营权证变更、注销或重发手续。

第十九条 承包方之间可以自愿将承包土地入股发展农业合作生产,但股份合作解散时入股土地应当退回原承包农户。

第二十条 通过转让、互换方式取得的土地承包经营权经依法登记获得土地承包经营权证后,可以依法采取转包、出租、互换、转让或者其他符合法律和国家政策规定的方式流转。

第四章 流转合同

第二十一条 承包方流转农村土地承包经营权,应当与受让方在协商一致的基础上签订书面流转合同。

农村土地承包经营权流转合同一式四份,流转双方各执一份,发包方和乡(镇)人民政府农村土地承包管理部门各备案一份。

承包方将土地交由他人代耕不超过一年的,可以不签订书面合同。

第二十二条 承包方委托发包方或者中介服务组织流转其承包土地的,流转合同应当由承包方或其书面委托的代理人签订。

第二十三条 农村土地承包经营权流转合同一般包括以下内容:

(一)双方当事人的姓名、住所;

(二)流转土地的四至、坐落、面积、质量等级;

(三)流转的期限和起止日期;

(四)流转方式;

(五)流转土地的用途;

(六)双方当事人的权利和义务;

(七)流转价款及支付方式;

(八)流转合同到期后地上附着物及相关设施的处理;

(九)违约责任。

农村土地承包经营权流转合同文本格式由省级人民政府农业行政主管部门

确定。

第二十四条 农村土地承包经营权流转当事人可以向乡(镇)人民政府农村土地承包管理部门申请合同鉴证。

乡(镇)人民政府农村土地承包管理部门不得强迫土地承包经营权流转当事人接受鉴证。

第五章 流转管理

第二十五条 发包方对承包方提出的转包、出租、互换或者其他方式流转承包土地的要求,应当及时办理备案,并报告乡(镇)人民政府农村土地承包管理部门。

承包方转让承包土地,发包方同意转让的,应当及时向乡(镇)人民政府农村土地承包管理部门报告,并配合办理有关变更手续;发包方不同意转让的,应当于七日内向承包方书面说明理由。

第二十六条 乡(镇)人民政府农村土地承包管理部门应当及时向达成流转意向的承包方提供统一文本格式的流转合同,并指导签订。

第二十七条 乡(镇)人民政府农村土地承包管理部门应当建立农村土地承包经营权流转情况登记册,及时准确记载农村土地承包经营权流转情况。以转包、出租或者其他方式流转承包土地的,及时办理相关登记;以转让、互换方式流转承包土地的,及时办理有关承包合同和土地承包经营权证变更等手续。

第二十八条 乡(镇)人民政府农村土地承包管理部门应当对农村土地承包经营权流转合同及有关文件、文本、资料等进行归档并妥善保管。

第二十九条 采取互换、转让方式流转土地承包经营权,当事人申请办理土地承包经营权流转登记的,县级人民政府农业行政(或农村经营管理)主管部门应当予以受理,并依照《农村土地承包经营权证管理办法》的规定办理。

第三十条 从事农村土地承包经营权流转服务的中介组织应当向县级以上地方人民政府农业行政(或农村经营管理)主管部门备案并接受其指导,依照法律和有关规定提供流转中介服务。

第三十一条 乡(镇)人民政府农村土地承包管理部门在指导流转合同签订或流转合同鉴证中,发现流转双方有违反法律法规的约定,要及时予以纠正。

第三十二条 县级以上地方人民政府农业行政(或农村经营管理)主管部门应当加强对乡(镇)人民政府农村土地承包管理部门工作的指导。乡(镇)人民政府农村土地承包管理部门应当依法开展农村土地承包经营权流转的指导和管理工作,正确履行职责。

第三十三条 农村土地承包经营权流转发生争议或者纠纷,当事人应当依法协商解决。

当事人协商不成的,可以请求村民委员会、乡(镇)人民政府调解。

当事人不愿协商或者调解不成的,可以向农村土地承包仲裁机构申请仲裁,也可以直接向人民法院起诉。

第六章 附 则

第三十四条 通过招标、拍卖和公开协商等方式承包荒山、荒沟、荒丘、荒滩等农村土地,经依法登记取得农村土地承包经营权证的,可以采取转让、出租、入股、抵押或者其他方式流转,其流转管理参照本办法执行。

第三十五条 本办法所称转让是指承包方有稳定的非农职业或者有稳定的收入来源,经承包方申请和发包方同意,将部分或全部土地承包经营权让渡给其他从事农业生产经营的农户,由其履行相应土地承包合同的权利和义务。转让后原土地承包关系自行终止,原承包方承包期内的土地承包经营权部分或全部灭失。

转包是指承包方将部分或全部土地承包经营权以一定期限转给同一集体经济组织的其他农户从事农业生产经营。转包后原土地承包关系不变,原承包方继续履行原土地承包合同规定的权利和义务。接包方按转包时约定的条件对转包方负责。承包方将土地交他人代耕不足一年的除外。

互换是指承包方之间为方便耕作或者各自需要,对属于同一集体经济组织的承包地块进行交换,同时交换相应的土地承包经营权。

入股是指实行家庭承包方式的承包方之间为发展农业经济,将土地承包经营权作为股权,自愿联合从事农业合作生产经营;其他承包方式的承包方将土地承包经营权量化为股权,入股组成股份公司或者合作社等,从事农业生产经营。

出租是指承包方将部分或全部土地承包经营权以一定期限租赁给他人从事农业生产经营。出租后原土地承包关系不变,原承包方继续履行原土地承包合同规定的权利和义务。承租方按出租时约定的条件对承包方负责。

本办法所称受让方包括接包方、承租方等。

第三十六条 本办法自 2005 年 3 月 1 日起正式施行。

最高人民法院关于审理涉及农村土地承包纠纷案件适用法律问题的解释

（2005年3月29日最高人民法院审判委员会第1346次会议通过
2005年7月29日公布　法释〔2005〕6号
自2005年9月1日起施行）

根据《中华人民共和国民法通则》、《中华人民共和国合同法》、《中华人民共和国民事诉讼法》、《中华人民共和国农村土地承包法》、《中华人民共和国土地管理法》等法律的规定，结合民事审判实践，对审理涉及农村土地承包纠纷案件适用法律的若干问题解释如下：

一、受理与诉讼主体

第一条　下列涉及农村土地承包民事纠纷，人民法院应当依法受理：

（一）承包合同纠纷；

（二）承包经营权侵权纠纷；

（三）承包经营权流转纠纷；

（四）承包地征收补偿费用分配纠纷；

（五）承包经营权继承纠纷。

集体经济组织成员因未实际取得土地承包经营权提起民事诉讼的，人民法院应当告知其向有关行政主管部门申请解决。

集体经济组织成员就用于分配的土地补偿费数额提起民事诉讼的，人民法院不予受理。

第二条　当事人自愿达成书面仲裁协议的，受诉人民法院应当参照最高人民法院《关于适用〈中华人民共和国民事诉讼法〉若干问题的意见》第145条至第148条的规定处理。

当事人未达成书面仲裁协议，一方当事人向农村土地承包仲裁机构申请仲裁，另一方当事人提起诉讼的，人民法院应予受理，并书面通知仲裁机构。但另一方当事人接受仲裁管辖后又起诉的，人民法院不予受理。

当事人对仲裁裁决不服并在收到裁决书之日起三十日内提起诉讼的，人民法院应予受理。

第三条 承包合同纠纷，以发包方和承包方为当事人。

前款所称承包方是指以家庭承包方式承包本集体经济组织农村土地的农户，以及以其他方式承包农村土地的单位或者个人。

第四条 农户成员为多人的，由其代表人进行诉讼。

农户代表人按照下列情形确定：

（一）土地承包经营权证等证书上记载的人；

（二）未依法登记取得土地承包经营权证等证书的，为在承包合同上签字的人；

（三）前两项规定的人死亡、丧失民事行为能力或者因其他原因无法进行诉讼的，为农户成员推选的人。

二、家庭承包纠纷案件的处理

第五条 承包合同中有关收回、调整承包地的约定违反农村土地承包法第二十六条、第二十七条、第三十条、第三十五条规定的，应当认定该约定无效。

第六条 因发包方违法收回、调整承包地，或者因发包方收回承包方弃耕、撂荒的承包地产生的纠纷，按照下列情形，分别处理：

（一）发包方未将承包地另行发包，承包方请求返还承包地的，应予支持；

（二）发包方已将承包地另行发包给第三人，承包方以发包方和第三人为共同被告，请求确认其所签订的承包合同无效、返还承包地并赔偿损失的，应予支持。但属于承包方弃耕、撂荒情形的，对其赔偿损失的诉讼请求，不予支持。

前款第（二）项所称的第三人，请求受益方补偿其在承包地上的合理投入的，应予支持。

第七条 承包合同约定或者土地承包经营权证等证书记载的承包期限短于

农村土地承包法规定的期限，承包方请求延长的，应予支持。

第八条　承包方违反农村土地承包法第十七条规定，将承包地用于非农建设或者对承包地造成永久性损害，发包方请求承包方停止侵害、恢复原状或者赔偿损失的，应予支持。

第九条　发包方根据农村土地承包法第二十六条规定收回承包地前，承包方已经以转包、出租等形式将其土地承包经营权流转给第三人，且流转期限尚未届满，因流转价款收取产生的纠纷，按照下列情形，分别处理：

（一）承包方已经一次性收取了流转价款，发包方请求承包方返还剩余流转期限的流转价款的，应予支持；

（二）流转价款为分期支付，发包方请求第三人按照流转合同的约定支付流转价款的，应予支持。

第十条　承包方交回承包地不符合农村土地承包法第二十九条规定程序的，不得认定其为自愿交回。

第十一条　土地承包经营权流转中，本集体经济组织成员在流转价款、流转期限等主要内容相同的条件下主张优先权的，应予支持。但下列情形除外：

（一）在书面公示的合理期限内未提出优先权主张的；

（二）未经书面公示，在本集体经济组织以外的人开始使用承包地两个月内未提出优先权主张的。

第十二条　发包方强迫承包方将土地承包经营权流转给第三人，承包方请求确认其与第三人签订的流转合同无效的，应予支持。发包方阻碍承包方依法流转土地承包经营权，承包方请求排除妨碍、赔偿损失的，应予支持。

第十三条　承包方未经发包方同意，采取转让方式流转其土地承包经营权的，转让合同无效。但发包方无法定理由不同意或者拖延表态的除外。

第十四条　承包方依法采取转包、出租、互换或者其他方式流转土地承包经营权，发包方仅以该土地承包经营权流转合同未报其备案为由，请求确认合同无效的，不予支持。

第十五条　承包方以其土地承包经营权进行抵押或者抵偿债务的，应当认定无效。对因此造成的损失，当事人有过错的，应当承担相应的民事责任。

第十六条　因承包方不收取流转价款或者向对方支付费用的约定产生纠纷，当事人协商变更无法达成一致，且继续履行又显失公平的，人民法院可以根据发生变更的客观情况，按照公平原则处理。

第十七条 当事人对转包、出租地流转期限没有约定或者约定不明的，参照合同法第二百三十二条规定处理。除当事人另有约定或者属于林地承包经营外，承包地交回的时间应当在农作物收获期结束后或者下一耕种期开始前。

对提高土地生产能力的投入，对方当事人请求承包方给予相应补偿的，应予支持。

第十八条 发包方或者其他组织、个人擅自截留、扣缴承包收益或者土地承包经营权流转收益，承包方请求返还的，应予支持。发包方或者其他组织、个人主张抵销的，不予支持。

三、其他方式承包纠纷的处理

第十九条 本集体经济组织成员在承包费、承包期限等主要内容相同的条件下主张优先承包权的，应予支持。但在发包方将农村土地发包给本集体经济组织以外的单位或者个人，已经法律规定的民主议定程序通过，并由乡（镇）人民政府批准后主张优先承包权的，不予支持。

第二十条 发包方就同一土地签订两个以上承包合同，承包方均主张取得土地承包经营权的，按照下列情形，分别处理：

（一）已经依法登记的承包方，取得土地承包经营权；

（二）均未依法登记的，生效在先合同的承包方取得土地承包经营权；

（三）依前两项规定无法确定的，已经根据承包合同合法占有使用承包地的人取得土地承包经营权，但争议发生后一方强行先占承包地的行为和事实，不得作为确定土地承包经营权的依据。

第二十一条 承包方未依法登记取得土地承包经营权证等证书，即以转让、出租、入股、抵押等方式流转土地承包经营权，发包方请求确认该流转无效的，应予支持。但非因承包方原因未登记取得土地承包经营权证等证书的除外。承包方流转土地承包经营权，除法律或者本解释有特殊规定外，按照有关家庭承包土地承包经营权流转的规定处理。

四、土地征收补偿费用分配及土地承包经营权继承纠纷的处理

第二十二条 承包地被依法征收，承包方请求发包方给付已经收到的地上附

着物和青苗的补偿费的，应予支持。承包方已将土地承包经营权以转包、出租等方式流转给第三人的，除当事人另有约定外，青苗补偿费归实际投入人所有，地上附着物补偿费归附着物所有人所有。

第二十三条 承包地被依法征收，放弃统一安置的家庭承包方，请求发包方给付已经收到的安置补助费的，应予支持。

第二十四条 农村集体经济组织或者村民委员会、村民小组，可以依照法律规定的民主议定程序，决定在本集体经济组织内部分配已经收到的土地补偿费。征地补偿安置方案确定时已经具有本集体经济组织成员资格的人，请求支付相应份额的，应予支持。但已报全国人大常委会、国务院备案的地方性法规、自治条例和单行条例、地方政府规章对土地补偿费在农村集体经济组织内部的分配办法另有规定的除外。

第二十五条 林地家庭承包中，承包方的继承人请求在承包期内继续承包的，应予支持。其他方式承包中，承包方的继承人或者权利义务承受者请求在承包期内继续承包的，应予支持。

五、其他规定

第二十六条 人民法院在审理涉及本解释第五条、第六条第一款第（二）项及第二款、第十六条的纠纷案件时，应当着重进行调解。必要时可以委托人民调解组织进行调解。第二十七条本解释自2005年9月1日起施行。施行后受理的第一审案件，适用本解释的规定。施行前已经生效的司法解释与本解释不一致的，以本解释为准。

最高人民法院关于审理涉及农村土地承包经营纠纷调解仲裁案件适用法律若干问题的解释

（2013年12月27日最高人民法院审判委员会第1601次会议通过
自2014年1月24日起施行　法释〔2014〕1号）

为正确审理涉及农村土地承包经营纠纷调解仲裁案件，根据《中华人民共和国农村土地承包法》、《中华人民共和国农村土地承包经营纠纷调解仲裁法》、《中华人民共和国民事诉讼法》等法律的规定，结合民事审判实践，就审理涉及农村土地承包经营纠纷调解仲裁案件适用法律的若干问题，制定本解释。

第一条　农村土地承包仲裁委员会根据农村土地承包经营纠纷调解仲裁法第十八条规定，以超过申请仲裁的时效期间为由驳回申请后，当事人就同一纠纷提起诉讼的，人民法院应予受理。

第二条　当事人在收到农村土地承包仲裁委员会作出的裁决书之日起三十日后或者签收农村土地承包仲裁委员会作出的调解书后，就同一纠纷向人民法院提起诉讼的，裁定不予受理；已经受理的，裁定驳回起诉。

第三条　当事人在收到农村土地承包仲裁委员会作出的裁决书之日起三十日内，向人民法院提起诉讼，请求撤销仲裁裁决的，人民法院应当告知当事人就原纠纷提起诉讼。

第四条　农村土地承包仲裁委员会依法向人民法院提交当事人财产保全申请的，申请财产保全的当事人为申请人。

农村土地承包仲裁委员会应当提交下列材料：

（一）财产保全申请书；

（二）农村土地承包仲裁委员会发出的受理案件通知书；

（三）申请人的身份证明；

（四）申请保全财产的具体情况。

人民法院采取保全措施，可以责令申请人提供担保，申请人不提供担保的，裁定驳回申请。

第五条 人民法院对农村土地承包仲裁委员会提交的财产保全申请材料，应当进行审查。符合前条规定的，应予受理；申请材料不齐全或不符合规定的，人民法院应当告知农村土地承包仲裁委员会需要补齐的内容。

人民法院决定受理的，应当于三日内向当事人送达受理通知书并告知农村土地承包仲裁委员会。

第六条 人民法院受理财产保全申请后，应当在十日内作出裁定。因特殊情况需要延长的，经本院院长批准，可以延长五日。

人民法院接受申请后，对情况紧急的，必须在四十八小时内作出裁定；裁定采取保全措施的，应当立即开始执行。

第七条 农村土地承包经营纠纷仲裁中采取的财产保全措施，在申请保全的当事人依法提起诉讼后，自动转为诉讼中的财产保全措施，并适用《最高人民法院关于人民法院民事执行中查封、扣押、冻结财产的规定》第二十九条关于查封、扣押、冻结期限的规定。

第八条 农村土地承包仲裁委员会依法向人民法院提交当事人证据保全申请的，应当提供下列材料：

（一）证据保全申请书；

（二）农村土地承包仲裁委员会发出的受理案件通知书；

（三）申请人的身份证明；

（四）申请保全证据的具体情况。

对证据保全的具体程序事项，适用本解释第五、六、七条关于财产保全的规定。

第九条 农村土地承包仲裁委员会作出先行裁定后，一方当事人依法向被执行人住所地或者被执行的财产所在地基层人民法院申请执行的，人民法院应予受理和执行。

申请执行先行裁定的，应当提供以下材料：

（一）申请执行书；

（二）农村土地承包仲裁委员会作出的先行裁定书；

（三）申请执行人的身份证明；

（四）申请执行人提供的担保情况；

（五）其他应当提交的文件或证件。

第十条 当事人根据农村土地承包经营纠纷调解仲裁法第四十九条规定，向人民法院申请执行调解书、裁决书，符合《最高人民法院关于人民法院执行工作若干问题的规定（试行）》第十八条规定条件的，人民法院应予受理和执行。

第十一条 当事人因不服农村土地承包仲裁委员会作出的仲裁裁决向人民法院提起诉讼的，起诉期从其收到裁决书的次日起计算。

第十二条 本解释施行后，人民法院尚未审结的一审、二审案件适用本解释规定。本解释施行前已经作出生效裁判的案件，本解释施行后依法再审的，不适用本解释规定。

最高人民法院关于审理涉及农村集体土地行政案件若干问题的规定

（最高人民法院审判委员会2011年5月9日第1522次会议通过
自2011年9月5日起施行 法释〔2011〕20号）

为正确审理涉及农村集体土地的行政案件，根据《中华人民共和国物权法》、《中华人民共和国土地管理法》和《中华人民共和国行政诉讼法》等有关法律规定，结合行政审判实际，制定本规定。

第一条 农村集体土地的权利人或者利害关系人（以下简称土地权利人）认为行政机关作出的涉及农村集体土地的行政行为侵犯其合法权益，提起诉讼的，属于人民法院行政诉讼的受案范围。

第二条 土地登记机构根据人民法院生效裁判文书、协助执行通知书或者仲裁机构的法律文书办理的土地权属登记行为，土地权利人不服提起诉讼的，人民法院不予受理，但土地权利人认为登记内容与有关文书内容不一致的除外。

第三条 村民委员会或者农村集体经济组织对涉及农村集体土地的行政行为不起诉的，过半数的村民可以以集体经济组织名义提起诉讼。

农村集体经济组织成员全部转为城镇居民后，对涉及农村集体土地的行政行为不服的，过半数的原集体经济组织成员可以提起诉讼。

第四条 土地使用权人或者实际使用人对行政机关作出涉及其使用或实际使用的集体土地的行政行为不服的，可以以自己的名义提起诉讼。

第五条 土地权利人认为土地储备机构作出的行为侵犯其依法享有的农村集体土地所有权或使用权的，向人民法院提起诉讼的，应当以土地储备机构所隶属的土地管理部门为被告。

第六条 土地权利人认为乡级以上人民政府作出的土地确权决定侵犯其依法享有的农村集体土地所有权或者使用权，经复议后向人民法院提起诉讼的，人民法院应当依法受理。

法律、法规规定应当先申请行政复议的土地行政案件，复议机关作出不受理复议申请的决定或者以不符合受理条件为由驳回复议申请，复议申请人不服的，应当以复议机关为被告向人民法院提起诉讼。

第七条 土地权利人认为行政机关作出的行政处罚、行政强制措施等行政行为侵犯其依法享有的农村集体土地所有权或者使用权，直接向人民法院提起诉讼的，人民法院应当依法受理。

第八条 土地权属登记（包括土地权属证书）在生效裁判和仲裁裁决中作为定案证据，利害关系人对该登记行为提起诉讼的，人民法院应当依法受理。

第九条 涉及农村集体土地的行政决定以公告方式送达的，起诉期限自公告确定的期限届满之日起计算。

第十条 土地权利人对土地管理部门组织实施过程中确定的土地补偿有异议，直接向人民法院提起诉讼的，人民法院不予受理，但应当告知土地权利人先申请行政机关裁决。

第十一条 土地权利人以土地管理部门超过两年对非法占地行为进行处罚违法，向人民法院起诉的，人民法院应当按照行政处罚法第二十九条第二款的规定处理。

第十二条 征收农村集体土地时涉及被征收土地上的房屋及其他不动产，土地权利人可以请求依照物权法第四十二条第二款的规定给予补偿的。

征收农村集体土地时未就被征收土地上的房屋及其他不动产进行安置补偿，补偿安置时房屋所在地已纳入城市规划区，土地权利人请求参照执行国有土地上房屋征收补偿标准的，人民法院一般应予支持，但应当扣除已经取得的土地补偿费。

第十三条 在审理土地行政案件中，人民法院经当事人同意进行协调的期间，不计算在审理期限内。当事人不同意继续协商的，人民法院应当及时审理，并恢复计算审理期限。

第十四条 县级以上人民政府土地管理部门根据土地管理法实施条例第四十五条的规定，申请人民法院执行其作出的责令交出土地决定的，应当符合下列条件：

（一）征收土地方案已经有权机关依法批准；

（二）市、县人民政府和土地管理部门已经依照土地管理法和土地管理法实施条例规定的程序实施征地行为；

（三）被征收土地所有权人、使用人已经依法得到安置补偿或者无正当理由拒绝接受安置补偿，且拒不交出土地，已经影响到征收工作的正常进行；

（四）符合《最高人民法院关于执行〈中华人民共和国行政诉讼法〉若干问题的解释》第八十六条规定的条件。

人民法院对符合条件的申请，应当裁定予以受理，并通知申请人；对不符合条件的申请，应当裁定不予受理。

第十五条 最高人民法院以前所作的司法解释与本规定不一致的，以本规定为准。

国土资源部关于完善农用地转用和土地征收审查报批工作的意见

（国土资发〔2004〕237号）

为巩固土地市场治理整顿成果，根据《国务院关于深化改革严格土地管理的决定》（国发〔2004〕28号，以下简称《决定》）精神，现就完善农用地转用和土地征收审查报批工作提出以下意见：

一、严格控制农用地转用和土地征收报批条件

（一）《决定》下发后，通过清理有关文件，对仍未纠正违法下放的农用地转用和土地征收审批权的地方，继续暂停该地农用地转用和土地征收报批。

（二）各省（自治区、直辖市）首先办理经国家发展改革委、国土资源部确认纳入2004年度农用地转用计划的重点急需建设项目的用地报批；年度计划有剩余指标的，再办理其他建设用地报批。年度农用地转用计划指标用完的省（自治区、直辖市）或市、县，2004年底前暂停农用地转用和土地征收报批；没有计划指标，擅自批准用地的，按非法批地查处。

（三）对以往拖欠的农民征地补偿安置费，在2004年年底前未足额偿还的市、县，暂缓下达2005年度农用地转用计划指标，暂停农用地转用和土地征收报批。

（四）对2004年年底前未按《关于基本农田保护中有关问题的整改意见》（国土资发〔2004〕223号）的要求，将现有的基本农田落实到地块的市、县，暂缓下达2005年度农用地转用计划指标，暂停农用地转用和土地征收报批。

二、规范农用地转用和土地征收审查报批工作

（五）城市分批次建设用地严格按法律规定报批。分批次范围内的用地要提供土地开发建设整体方案，有控制性规划的，还应提供控制性规划。分批次范围内已有具体建设项目的，应附具项目名单，列明项目名称、性质、规模和用地面积。

（六）能源、交通、水利、矿山、军事设施等确需单独选址建设的项目，在《国务院关于投资体制改革的决定》(国发〔2004〕20号)实施前批准立项的,仍按原规定报批用地;实施后,属国务院、国家发展改革委等部门或省级人民政府批准、核准的单独选址建设项目,涉及农用地转用和土地征收的,报国务院批准;除此之外的单独选址建设项目,涉及农用地转用和土地征收的,报省级人民政府批准,其中征收土地面积超过省级批准权限的,土地征收必须报国务院批准;建设项目确需占用基本农田的,必须报国务院批准。

(七)各类建设的用地必须符合土地利用总体规划。确需单独选址建设的项目,依法可以改变土地利用总体规划的,规划修改方案可以在报批用地时一并报批;其他项目用地涉及修改规划的,按法定程序修改规划后,方可报批用地。

(八)建设项目的可行性研究报告或其他有关文件没有明确分期建设的,应一次性报批农用地转用和土地征收。城市分批次建设用地,市、县每年报批应控制在5个批次内。

(九)农村集体建设和村民住宅建设在向集镇、乡镇工业小区和中心村集中过程中,新址用地必须符合规划,纳入计划;涉及占用农用地的,不得以土地置换为名,规避农用地转用报批手续。

(十)对违法用地,须先按有关规定进行处罚。确需补办用地手续的,在补办用地手续时,须附具对违法案件和有关责任人的处理意见及落实情况,征地补偿安置费用、耕地开垦费按违法用地期间最高标准支付和缴纳。

(十一)补充耕地实行边占边补的,耕地开垦费必须列入工程投资概算,补充耕地的土地开发整理项目须按有关规定验收;建设单位缴纳耕地开垦费的,报批用地时应附具耕地开垦费缴纳证明和代其补充耕地单位的证明。经依法批准占用基本农田的,耕地开垦费缴纳标准按当地最高标准执行。补充耕地实行先补后占的,报批用地时应附具补充耕地验收文件和资金来源情况的说明。

三、强化农用地转用和土地征收批后监督管理

(十二)城市分批次建设用地和单独选址建设项目用地涉及缴纳新增建设用地土地有偿使用费的,国土资源管理部门应全额下达新增建设用地土地有偿使用费缴款通知书,由市、县人民政府按有关规定缴纳后,再下达批复文件。

(十三)国务院批准的城市分批次建设用地的供地情况、省级人民政府批准的单独选址建设项目用地和城市分批次建设用地及供地情况,应及时向部和省级国土资源部门备案。对于未按规定时间及有关要求备案或在备案中弄虚作假的省（自治区、直辖市）或市、县，暂停其农用地转用和土地征收报批。

（十四）农用地转用和土地征收批准文件有效期两年。农用地转用或土地征收经依法批准后，市、县两年内未用地或未实施征地补偿安置方案的，有关批准文件自动失效；两年内未提供给具体用地单位的，按未供应土地面积扣减该市、县下一年度的农用地转用计划指标。

（十五）征地补偿安置方案经依法批准后，征地补偿安置费用应按法律规定的期限全额支付给被征地农村集体经济组织；未按期全额支付到位的，市、县不得发放建设用地批准书，农村集体经济组织和农民有权拒绝建设单位动工用地。

（十六）对一个成片开发项目中包含多个建设项目的用地，在一次报批农用地转用和土地征收后，供地时应区分各个建设项目土地用途和用地性质，依据法律规定和国家供地政策分别供地。

（十七）城市分批次建设用地和单独选址建设项目用地经依法批准后，国土资源部门应通过新闻媒体或其他形式向社会公开批准情况；建设单位应将农用地转用、土地征收批准文件及建设用地批准书等在施工场地悬挂，接受社会的监督。

国务院关于开展农村承包土地的经营权和农民住房财产权抵押贷款试点的指导意见

（国发〔2015〕45号）

各省、自治区、直辖市人民政府，国务院各部委、各直属机构：

为进一步深化农村金融改革创新，加大对“三农”的金融支持力度，引导农村土地经营权有序流转，慎重稳妥推进农民住房财产权抵押、担保、转让试点，做好农村承包土地（指耕地）的经营权和农民住房财产权（以下统称“两权”）抵押贷款试点工作，现提出以下意见。

一、总体要求

(一)指导思想。

全面贯彻党的十八大和十八届三中、四中全会精神,深入落实党中央、国务院决策部署,按照所有权、承包权、经营权三权分置和经营权流转有关要求,以落实农村土地的用益物权、赋予农民更多财产权利为出发点,深化农村金融改革创新,稳妥有序开展"两权"抵押贷款业务,有效盘活农村资源、资金、资产,增加农业生产中长期和规模化经营的资金投入,为稳步推进农村土地制度改革提供经验和模式,促进农民增收致富和农业现代化加快发展。

(二)基本原则。

一是依法有序。"两权"抵押贷款试点要坚持于法有据,遵守土地管理法、城市房地产管理法等有关法律法规和政策要求,先在批准范围内开展,待试点积累经验后再稳步推广。涉及被突破的相关法律条款,应提请全国人大常委会授权在试点地区暂停执行。

二是自主自愿。切实尊重农民意愿,"两权"抵押贷款由农户等农业经营主体自愿申请,确保农民群众成为真正的知情者、参与者和受益者。流转土地的经营权抵押需经承包农户同意,抵押仅限于流转期内的收益。金融机构要在财务可持续基础上,按照有关规定自主开展"两权"抵押贷款业务。

三是稳妥推进。在维护农民合法权益前提下,妥善处理好农民、农村集体经济组织、金融机构、政府之间的关系,慎重稳妥推进农村承包土地的经营权抵押贷款试点和农民住房财产权抵押、担保、转让试点工作。

四是风险可控。坚守土地公有制性质不改变、耕地红线不突破、农民利益不受损的底线。完善试点地区确权登记颁证、流转平台搭建、风险补偿和抵押物处置机制等配套政策,防范、控制和化解风险,确保试点工作顺利平稳实施。

二、试点任务

(一)赋予"两权"抵押融资功能,维护农民土地权益。在防范风险、遵守有关法律法规和农村土地制度改革等政策基础上,稳妥有序开展"两权"抵押贷款试点。加强制度建设,引导和督促金融机构始终把维护好、实现好、发展好农民土地权益作为改革试点的出发点和落脚点,落实"两权"抵押融资功能,明确贷款对象、贷款用途、产品设计、抵押价值评估、抵押物处置等业务要点,盘活农民土地用益物权的财产属性,加大金融对"三农"的支持力度。

（二）推进农村金融产品和服务方式创新，加强农村金融服务。金融机构要结合“两权”的权能属性，在贷款利率、期限、额度、担保、风险控制等方面加大创新支持力度，简化贷款管理流程，扎实推进“两权”抵押贷款业务，切实满足农户等农业经营主体对金融服务的有效需求。鼓励金融机构在农村承包土地的经营权剩余使用期限内发放中长期贷款，有效增加农业生产的中长期信贷投入。鼓励对经营规模适度的农业经营主体发放贷款。

（三）建立抵押物处置机制，做好风险保障。因借款人不履行到期债务或者发生当事人约定的情形需要实现抵押权时，允许金融机构在保证农户承包权和基本住房权利前提下，依法采取多种方式处置抵押物。完善抵押物处置措施，确保当借款人不履行到期债务或者发生当事人约定的情形时，承贷银行能顺利实现抵押权。农民住房财产权（含宅基地使用权）抵押贷款的抵押物处置应与商品住房制定差别化规定。探索农民住房财产权抵押担保中宅基地权益的实现方式和途径，保障抵押权人合法权益。对农民住房财产权抵押贷款的抵押物处置，受让人原则上应限制在相关法律法规和国务院规定的范围内。

（四）完善配套措施，提供基础支撑。试点地区要加快推进农村土地承包经营权、宅基地使用权和农民住房所有权确权登记颁证，探索对通过流转取得的农村承包土地的经营权进行确权登记颁证。农民住房财产权设立抵押的，需将宅基地使用权与住房所有权一并抵押。按照党中央、国务院确定的宅基地制度改革试点工作部署，探索建立宅基地使用权有偿转让机制。依托相关主管部门建立完善多级联网的农村土地产权交易平台，建立“两权”抵押、流转、评估的专业化服务机制，支持以各种合法方式流转的农村承包土地的经营权用于抵押。建立健全农村信用体系，有效调动和增强金融机构支农的积极性。

（五）加大扶持和协调配合力度，增强试点效果。人民银行要支持金融机构积极稳妥参与试点，对符合条件的农村金融机构加大支农再贷款支持力度。银行业监督管理机构要研究差异化监管政策，合理确定资本充足率、贷款分类等方面的计算规则和激励政策，支持金融机构开展“两权”抵押贷款业务。试点地区要结合实际，采取利息补贴、发展政府支持的担保公司、利用农村土地产权交易平台提供担保、设立风险补偿基金等方式，建立“两权”抵押贷款风险缓释及补偿机制。保险监督管理机构要进一步完善农业保险制度，大力推进农业保险和农民住房保险工作，扩大保险覆盖范围，充分发挥保险的风险保障作用。

三、组织实施

（一）加强组织领导。人民银行会同中央农办、发展改革委、财政部、国土资源部、住房城乡建设部、农业部、税务总局、林业局、法制办、银监会、保监会等单位，按职责分工成立农村承包土地的经营权抵押贷款试点工作指导小组和农民住房财产权抵押贷款试点工作指导小组（以下统称指导小组），切实落实党中央、国务院对“两权”抵押贷款试点工作的各项要求，按照本意见指导地方人民政府开展试点，并做好专项统计、跟踪指导、评估总结等相关工作。指导小组办公室设在人民银行。

（二）选择试点地区。“两权”抵押贷款试点以县（市、区）行政区域为单位。农村承包土地的经营权抵押贷款试点主要在农村改革试验区、现代农业示范区等农村土地经营权流转较好的地区开展；农民住房财产权抵押贷款试点原则上选择国土资源部牵头确定的宅基地制度改革试点地区开展。省级人民政府按照封闭运行、风险可控原则向指导小组办公室推荐试点县（市、区），经指导小组审定后开展试点。各省（区、市）可根据当地实际，分别或同时申请开展农村承包土地的经营权抵押贷款试点和农民住房财产权抵押贷款试点。

（三）严格试点条件。“两权”抵押贷款试点地区应满足以下条件：一是农村土地承包经营权、宅基地使用权和农民住房所有权确权登记颁证率高，农村产权流转交易市场健全，交易行为公开规范，具备较好基础和支撑条件；二是农户土地流转意愿较强，农业适度规模经营势头良好，具备规模经济效益；三是农村信用环境较好，配套政策较为健全。

（四）规范试点运行。人民银行、银监会会同相关单位，根据本意见出台农村承包土地的经营权抵押贷款试点管理办法和农民住房财产权抵押贷款试点管理办法。银行业金融机构根据本意见和金融管理部门制定的“两权”抵押贷款试点管理办法，建立相应的信贷管理制度并制定实施细则。试点地区成立试点工作小组，严格落实试点条件，制定具体实施意见、支持政策，经省级人民政府审核后，送指导小组备案。集体林地经营权抵押贷款和草地经营权抵押贷款业务可参照本意见执行。

（五）做好评估总结。认真总结试点经验，及时提出制定修改相关法律法规、政策的建议，加快推动修改完善相关法律法规。人民银行牵头负责对试点工作进行跟踪、监督和指导，开展年度评估。试点县（市、区）应提交总结报告和政策建议，由省级人民政府送指导小组。指导小组形成全国试点工作报告，提出相关政策建议。全部试点工作于2017年底前完成。

（六）取得法律授权。试点涉及突破《中华人民共和国物权法》第一百八十四条、《中华人民共和国担保法》第三十七条等相关法律条款，由国务院按程序提请全国人大常委会授权，允许试点地区在试点期间暂停执行相关法律条款。

国务院
2015年8月10日

关于引导农村土地经营权有序流转发展农业适度规模经营的意见

（中办发〔2014〕61号）

伴随我国工业化、信息化、城镇化和农业现代化进程，农村劳动力大量转移，农业物质技术装备水平不断提高，农户承包土地的经营权流转明显加快，发展适度规模经营已成为必然趋势。实践证明，土地流转和适度规模经营是发展现代农业的必由之路，有利于优化土地资源配置和提高劳动生产率，有利于保障粮食安全和主要农产品供给，有利于促进农业技术推广应用和农业增效、农民增收，应从我国人多地少、农村情况千差万别的实际出发，积极稳妥地推进。为引导农村土地（指承包耕地）经营权有序流转、发展农业适度规模经营，现提出如下意见。

一、总体要求

（一）指导思想。全面理解、准确把握中央关于全面深化农村改革的精神，按照加快构建以农户家庭经营为基础、合作与联合为纽带、社会化服务为支撑的立体式复合型现代农业经营体系和走生产技术先进、经营规模适度、市场竞争力强、生态环境可持续的中国特色新型农业现代化道路的要求，以保障国家粮食安全、促进农业增效和农民增收为目标，坚持农村土地集体所有，实现所有权、承包权、经营权三权分置，引导土地经营权有序流转，坚持家庭经营的基础性地位，积极培育新型经营主体，发展多种形式的适度规模经营，巩固和完善农村基本经营制度。改革的方向要明，步子要稳，既要加大政策扶持力度，加强典型示范引导，鼓励创新农业经营体制机制，又要因地制宜、循序渐进，不能搞大跃进，不能搞强迫命令，不能搞行政瞎指挥，使农业适度规模经营发展与城镇化进程和农村劳动力转移规模相适应，与农业科技进步和生产手段改进程度相适应，与农业社会化服务水平提高相适应，让农民成为土地流转和规模经营的积极参与者和真正受益者，避免走弯路。

（二）基本原则。

——坚持农村土地集体所有权，稳定农户承包权，放活土地经营权，以家庭承包经营为基础，推进家庭经营、集体经营、合作经营、企业经营等多种经营方式共同发展。

——坚持以改革为动力，充分发挥农民首创精神，鼓励创新，支持基层先行先试，靠改革破解发展难题。

——坚持依法、自愿、有偿，以农民为主体，政府扶持引导，市场配置资源，土地经营权流转不得违背承包农户意愿、不得损害农民权益、不得改变土地用途、不得破坏农业综合生产能力和农业生态环境。

——坚持经营规模适度，既要注重提升土地经营规模，又要防止土地过度集中，兼顾效率与公平，不断提高劳动生产率、土地产出率和资源利用率，确保农地农用，重点支持发展粮食规模化生产。

二、稳定完善农村土地承包关系

（三）健全土地承包经营权登记制度。建立健全承包合同取得权利、登记记载权利、证书证明权利的土地承包经营权登记制度，是稳定农村土地承包关系、促进土地经营权流转、发展适度规模经营的重要基础性工作。完善承包合同，健全登记簿，颁发权属证书，强化土地承包经营权物权保护，为开展土地流转、调处土地纠纷、完善补贴政策、进行征地补偿和抵押担保提供重要依据。建立健全土地承包经营权信息应用平台，方便群众查询，利于服务管理。土地承包经营权确权登记原则上确权到户到地，在尊重农民意愿的前提下，也可以确权确股不确地。切实维护妇女的土地承包权益。

（四）推进土地承包经营权确权登记颁证工作。按照中央统一部署、地方全面负责的要求，在稳步扩大试点的基础上，用5年左右时间基本完成土地承包经营权确权登记颁证工作，妥善解决农户承包地块面积不准、四至不清等问题。在工作中，各地要保持承包关系稳定，以现有承包台账、合同、证书为依据确认承包地归属；坚持依法规范操作，严格执行政策，按照规定内容和程序开展工作；充分调动农民群众积极性，依靠村民民主协商，自主解决矛盾纠纷；从实际出发，以农村集体土地所有权确权为基础，以第二次全国土地调查成果为依据，采用符合标准规范、农民群众认可的技术方法；坚持分级负责，强化县乡两级的责任，建立健全党委和政府统一领导、部门密切协作、群众广泛参与的工作机制；科学制定工作方案，明确时间表和路线图，确保工作质量。有关部门要加强调查研究，有针对性地提出操作性政策建议和具体工作指导意见。土地承包经营权确权登记颁证工作经费纳入地方财政预算，中央财政给予补助。

三、规范引导农村土地经营权有序流转

（五）鼓励创新土地流转形式。鼓励承包农户依法采取转包、出租、互换、转让及入股等方式流转承包地。鼓励有条件的地方制定扶持政策，引导农户长期流转承包地并促进其转移就业。鼓励农民在自愿前提下采取互换并地方式解决承包地细碎化问题。在同等条件下，本集体经济组织成员享有土地流转优先权。以转让方式流转承包地的，原则上应在本集体经济组织成员之间进行，且需经发包方同意。以其他形式流转的，应当依法报发包方备案。抓紧研究探索集体所有权、农户承包权、土地经营权在土地流转中的相互权利关系和具体实现形式。按照全国统一安排，稳步推进土地经营权抵押、担保试点，研究制定统一规范的实施办法，探索建立抵押资产处置机制。

（六）严格规范土地流转行为。土地承包经营权属于农民家庭，土地是否流转、价格如何确定、形式如何选择，应由承包农户自主决定，流转收益应归承包农户所有。流转期限应由流转双方在法律规定的范围内协商确定。没有农户的书面委托，农村基层组织无权以任何方式决定流转农户的承包地，更不能以少数服从多数的名义，将整村整组农户承包地集中对外招商经营。防止少数基层干部私相授受，谋取私利。严禁通过定任务、下指标或将流转面积、流转比例纳入绩效考核等方式推动土地流转。

（七）加强土地流转管理和服务。有关部门要研究制定流转市场运行规范，加快发展多种形式的土地经营权流转市场。依托农村经营管理机构健全土地流转服务平台,完善县乡村三级服务和管理网络,建立土地流转监测制度,为流转双方提供信息发布、政策咨询等服务。土地流转服务主体可以开展信息沟通、委托流转等服务,但禁止层层转包从中牟利。土地流转给非本村(组)集体成员或村(组)集体受农户委托统一组织流转并利用集体资金改良土壤、提高地力的,可向本集体经济组织以外的流入方收取基础设施使用费和土地流转管理服务费,用于农田基本建设或其他公益性支出。引导承包农户与流入方签订书面流转合同,并使用统一的省级合同示范文本。依法保护流入方的土地经营权益,流转合同到期后流入方可在同等条件下优先续约。加强农村土地承包经营纠纷调解仲裁体系建设,健全纠纷调处机制,妥善化解土地承包经营流转纠纷。

(八)合理确定土地经营规模。各地要依据自然经济条件、农村劳动力转移情况、农业机械化水平等因素,研究确定本地区土地规模经营的适宜标准。防止脱离实际、违背农民意愿,片面追求超大规模经营的倾向。现阶段,对土地经营规模相当于当地户均承包地面积10至15倍、务农收入相当于当地二三产业务工收入的,应当给予重点扶持。创新规模经营方式,在引导土地资源适度集聚的同时,通过农民的合作与联合、开展社会化服务等多种形式,提升农业规模化经营水平。

(九)扶持粮食规模化生产。加大粮食生产支持力度,原有粮食直接补贴、良种补贴、农资综合补贴归属由承包农户与流入方协商确定,新增部分应向粮食生产规模经营主体倾斜。在有条件的地方开展按照实际粮食播种面积或产量对生产者补贴试点。对从事粮食规模化生产的农民合作社、家庭农场等经营主体,符合申报农机购置补贴条件的,要优先安排。探索选择运行规范的粮食生产规模经营主体开展目标价格保险试点。抓紧开展粮食生产规模经营主体营销贷款试点,允许用粮食作物、生产及配套辅助设施进行抵押融资。粮食品种保险要逐步实现粮食生产规模经营主体愿保尽保,并适当提高对产粮大县稻谷、小麦、玉米三大粮食品种保险的保费补贴比例。各地区各有关部门要研究制定相应配套办法,更好地为粮食生产规模经营主体提供支持服务。

(十)加强土地流转用途管制。坚持最严格的耕地保护制度,切实保护基本农田。严禁借土地流转之名违规搞非农建设。严禁在流转农地上建设或变相建设旅游度假村、高尔夫球场、别墅、私人会所等。严禁占用基本农田挖塘栽树及其他毁坏种植条件的行为。严禁破坏、污染、圈占闲置耕地和损毁农田基础设施。坚决查处通过"以租代征"违法违规进行非农建设的行为,坚决禁止擅自将耕地

“非农化”。利用规划和标准引导设施农业发展，强化设施农用地的用途监管。采取措施保证流转土地用于农业生产，可以通过停发粮食直接补贴、良种补贴、农资综合补贴等办法遏制撂荒耕地的行为。在粮食主产区、粮食生产功能区、高产创建项目实施区，不符合产业规划的经营行为不再享受相关农业生产扶持政策。合理引导粮田流转价格，降低粮食生产成本，稳定粮食种植面积。

四、加快培育新型农业经营主体

（十一）发挥家庭经营的基础作用。在今后相当长时期内，普通农户仍占大多数，要继续重视和扶持其发展农业生产。重点培育以家庭成员为主要劳动力、以农业为主要收入来源，从事专业化、集约化农业生产的家庭农场，使之成为引领适度规模经营、发展现代农业的有生力量。分级建立示范家庭农场名录，健全管理服务制度，加强示范引导。鼓励各地整合涉农资金建设连片高标准农田，并优先流向家庭农场、专业大户等规模经营农户。

（十二）探索新的集体经营方式。集体经济组织要积极为承包农户开展多种形式的生产服务，通过统一服务降低生产成本、提高生产效率。有条件的地方根据农民意愿，可以统一连片整理耕地，将土地折股量化、确权到户，经营所得收益按股分配，也可以引导农民以承包地入股组建土地股份合作组织，通过自营或委托经营等方式发展农业规模经营。各地要结合实际不断探索和丰富集体经营的实现形式。

（十三）加快发展农户间的合作经营。鼓励承包农户通过共同使用农业机械、开展联合营销等方式发展联户经营。鼓励发展多种形式的农民合作组织，深入推进示范社创建活动，促进农民合作社规范发展。在管理民主、运行规范、带动力强的农民合作社和供销合作社基础上，培育发展农村合作金融。引导发展农民专业合作社联合社，支持农民合作社开展农社对接。允许农民以承包经营权入股发展农业产业化经营。探索建立农户入股土地生产性能评价制度，按照耕地数量质量、参照当地土地经营权流转价格计价折股。

（十四）鼓励发展适合企业化经营的现代种养业。鼓励农业产业化龙头企业等涉农企业重点从事农产品加工流通和农业社会化服务，带动农户和农民合作社发展规模经营。引导工商资本发展良种种苗繁育、高标准设施农业、规模化养殖等适合企业化经营的现代种养业，开发农村“四荒”资源发展多种经营。支持农业企业与农户、农民合作社建立紧密的利益联结机制，实现合理分工、互利共赢。

支持经济发达地区通过农业示范园区引导各类经营主体共同出资、相互持股，发展多种形式的农业混合所有制经济。

（十五）加大对新型农业经营主体的扶持力度。鼓励地方扩大对家庭农场、专业大户、农民合作社、龙头企业、农业社会化服务组织的扶持资金规模。支持符合条件的新型农业经营主体优先承担涉农项目，新增农业补贴向新型农业经营主体倾斜。加快建立财政项目资金直接投向符合条件的合作社、财政补助形成的资产转交合作社持有和管护的管理制度。各省（自治区、直辖市）根据实际情况，在年度建设用地指标中可单列一定比例专门用于新型农业经营主体建设配套辅助设施，并按规定减免相关税费。综合运用货币和财税政策工具，引导金融机构建立健全针对新型农业经营主体的信贷、保险支持机制，创新金融产品和服务，加大信贷支持力度，分散规模经营风险。鼓励符合条件的农业产业化龙头企业通过发行短期融资券、中期票据、中小企业集合票据等多种方式，拓宽融资渠道。鼓励融资担保机构为新型农业经营主体提供融资担保服务，鼓励有条件的地方通过设立融资担保专项资金、担保风险补偿基金等加大扶持力度。落实和完善相关税收优惠政策，支持农民合作社发展农产品加工流通。

（十六）加强对工商企业租赁农户承包地的监管和风险防范。各地对工商企业长时间、大面积租赁农户承包地要有明确的上限控制，建立健全资格审查、项目审核、风险保障金制度，对租地条件、经营范围和违规处罚等作出规定。工商企业租赁农户承包地要按面积实行分级备案，严格准入门槛，加强事中事后监管，防止浪费农地资源、损害农民土地权益，防范承包农户因流入方违约或经营不善遭受损失。定期对租赁土地企业的农业经营能力、土地用途和风险防范能力等开展监督检查，查验土地利用、合同履行等情况，及时查处纠正违法违规行为，对符合要求的可给予政策扶持。有关部门要抓紧制定管理办法，并加强对各地落实情况的监督检查。

五、建立健全农业社会化服务体系

（十七）培育多元社会化服务组织。巩固乡镇涉农公共服务机构基础条件建设成果。鼓励农技推广、动植物防疫、农产品质量安全监管等公共服务机构围绕发展农业适度规模经营拓展服务范围。大力培育各类经营性服务组织，积极发展良种种苗繁育、统防统治、测土配方施肥、粪污集中处理等农业生产性服务业，大力发展农产品电子商务等现代流通服务业，支持建设粮食烘干、农机场库棚和仓储物流等配套基础设施。农产品初加工和农业灌溉用电执行农业生产用电价格。鼓励以县为单位开展农业社会化服务示范创建活动。开展政府购买农业公益性服务试点，鼓励向经营性服务组织购买易监管、可量化的公益性服务。研究制定政府购买农业公益性服务的指导性目录，建立健全购买服务的标准合同、规范程序和监督机制。积极推广既不改变农户承包关系，又保证地有人种的托管服务模式，鼓励种粮大户、农机大户和农机合作社开展全程托管或主要生产环节托管，实现统一耕作，规模化生产。

（十八）开展新型职业农民教育培训。制定专门规划和政策，壮大新型职业农民队伍。整合教育培训资源，改善农业职业学校和其他学校涉农专业办学条件，加快发展农业职业教育，大力发展现代农业远程教育。实施新型职业农民培育工程，围绕主导产业开展农业技能和经营能力培养培训，扩大农村实用人才带头人示范培养培训规模，加大对专业大户、家庭农场经营者、农民合作社带头人、农业企业经营管理人员、农业社会化服务人员和返乡农民工的培养培训力度，把青年农民纳入国家实用人才培养计划。努力构建新型职业农民和农村实用人才培养、认定、扶持体系，建立公益性农民培养培训制度，探索建立培育新型职业农民制度。

（十九）发挥供销合作社的优势和作用。扎实推进供销合作社综合改革试点，按照改造自我、服务农民的要求，把供销合作社打造成服务农民生产生活的生力军和综合平台。利用供销合作社农资经营渠道，深化行业合作，推进技物结合，为新型农业经营主体提供服务。推动供销合作社农产品流通企业、农副产品批发市场、网络终端与新型农业经营主体对接，开展农产品生产、加工、流通服务。鼓励基层供销合作社针对农业生产重要环节，与农民签订服务协议，开展合作式、订单式服务，提高服务规模化水平。

土地问题涉及亿万农民切身利益，事关全局。各级党委和政府要充分认识引导农村土地经营权有序流转、发展农业适度规模经营的重要性、复杂性和长期性，切实加强组织领导，严格按照中央政策和国家法律法规办事，及时查处违纪违法行为。坚持从实际出发，加强调查研究，搞好分类指导，充分利用农村改革试验区、现代农业示范区等开展试点试验，认真总结基层和农民群众创造的好经验好做法。加大政策宣传力度，牢固树立政策观念，准确把握政策要求，营造良好的改革发展环境。加强农村经营管理体系建设，明确相应机构承担农村经管工作职责，确保事有人干、责有人负。各有关部门要按照职责分工，抓紧修订完善相关法律法规，建立工作指导和检查监督制度，健全齐抓共管的工作机制，引导农村土地经营权有序流转，促进农业适度规模经营健康发展。

国务院办公厅关于引导农村产权流转交易市场健康发展的意见

（国办发〔2014〕71号）

各省、自治区、直辖市人民政府，国务院各部委、各直属机构：

近年来，随着农村劳动力持续转移和农村改革不断深化，农户承包土地经营权、林权等各类农村产权流转交易需求明显增长，许多地方建立了多种形式的农村产权流转交易市场和服务平台，为农村产权流转交易提供了有效服务。但是，各地农村产权流转交易市场发展不平衡，其设立、运行、监管有待规范。引导农村产权流转交易市场健康发展，事关农村改革发展稳定大局，有利于保障农民和农村集体经济组织的财产权益，有利于提高农村要素资源配置和利用效率，有利于加快推进农业现代化。为此，经国务院同意，现提出以下意见。

一、总体要求

（一）指导思想。以邓小平理论、“三个代表”重要思想、科学发展观为指导，深入贯彻习近平总书记系列重要讲话精神，全面落实党的十八大和十八届三中、四中全会精神，按照党中央、国务院决策部署，以坚持和完善农村基本经营制度为前提，以保障农民和农村集体经济组织的财产权益为根本，以规范流转交易行为和完善服务功能为重点，扎实做好农村产权流转交易市场建设工作。

（二）基本原则。

——坚持公益性为主。必须坚持为农服务宗旨，突出公益性，不以盈利为目的，引导、规范和扶持农村产权流转交易市场发展，充分发挥其服务农村改革发展的重要作用。

——坚持公开公正规范。必须坚持公开透明、自主交易、公平竞争、规范有序，逐步探索形成符合农村实际和农村产权流转交易特点的市场形式、交易规则、服务方式和监管办法。

——坚持因地制宜。是否设立市场、设立什么样的市场、覆盖多大范围等，都要从各地实际出发，统筹规划、合理布局，不能搞强迫命令，不能搞行政瞎指挥。

——坚持稳步推进。充分利用和完善现有农村产权流转交易市场，在有需求、有条件的地方积极探索新的市场形式，稳妥慎重、循序渐进，不急于求成，不片面追求速度和规模。

二、定位和形式

（三）性质。农村产权流转交易市场是为各类农村产权依法流转交易提供服务的平台，包括现有的农村土地承包经营权流转服务中心、农村集体资产管理交易中心、林权管理服务中心和林业产权交易所，以及各地探索建立的其他形式农村产权流转交易市场。现阶段通过市场流转交易的农村产权包括承包到户的和农村集体统一经营管理的资源性资产、经营性资产等，以农户承包土地经营权、集体林地经营权为主，不涉及农村集体土地所有权和依法以家庭承包方式承包的集体土地承包权，具有明显的资产使用权租赁市场的特征。流转交易以服务农户、农民合作社、农村集体经济组织为主，流转交易目的以从事农业生产经营为主，具有显著的农业农村特色。流转交易行为主要发生在县、乡范围内，区域差异较大，具有鲜明的地域特点。

（四）功能。农村产权流转交易市场既要发挥信息传递、价格发现、交易中介的基本功能，又要注意发挥贴近“三农”，为农户、农民合作社、农村集体经济组织等主体流转交易产权提供便利和制度保障的特殊功能。适应交易主体、目的和方式多样化的需求，不断拓展服务功能，逐步发展成集信息发布、产权交易、法律咨询、资产评估、抵押融资等为一体的为农服务综合平台。

（五）设立。农村产权流转交易市场是政府主导、服务“三农”的非盈利性机构，可以是事业法人，也可以是企业法人。设立农村产权流转交易市场，要经过科学论证，由当地政府审批。当地政府要成立由相关部门组成的农村产权流转交易监督管理委员会，承担组织协调、政策制定等方面职责，负责对市场运行进行指导和监管。

（六）构成。县、乡农村土地承包经营权和林权等流转服务平台，是现阶段农村产权流转交易市场的主要形式和重要组成部分。利用好现有的各类农村产权流转服务平台，充分发挥其植根农村、贴近农户、熟悉农情的优势，做好县、乡范围内的农村产权流转交易服务工作。现阶段市场建设应以县域为主。确有需要的地方，可以设立覆盖地（市）乃至省（区、市）地域范围的市场，承担更大范围的信息整合发布和大额流转交易。各地要加强统筹协调，理顺县、乡农村产权流转服务平台与更高层级农村产权流转交易市场的关系，可以采取多种形式合作共建，也可以实行一体化运营，推动实现资源共享、优势互补、协同发展。

（七）形式。鼓励各地探索符合农村产权流转交易实际需要的多种市场形式，既要搞好交易所式的市场建设，也要有效利用电子交易网络平台。鼓励有条件的地方整合各类流转服务平台，建立提供综合服务的市场。农村产权流转交易市场可以是独立的交易场所，也可以利用政务服务大厅等场所，形成“一个屋顶之下、多个服务窗口、多品种产权交易”的综合平台。

三、运行和监管

（八）交易品种。农村产权类别较多，权属关系复杂，承载功能多样，适用规则不同，应实行分类指导。法律没有限制的品种均可以入市流转交易，流转交易的方式、期限和流转交易后的开发利用要遵循相关法律、法规和政策。现阶段的交易品种主要包括：

1. 农户承包土地经营权。是指以家庭承包方式承包的耕地、草地、养殖水面等经营权，可以采取出租、入股等方式流转交易，流转期限由流转双方在法律规定范围内协商确定。

2. 林权。是指集体林地经营权和林木所有权、使用权，可以采取出租、转让、入股、作价出资或合作等方式流转交易，流转期限不能超过法定期限。

3. “四荒”使用权。是指农村集体所有的荒山、荒沟、荒丘、荒滩使用权。采取家庭承包方式取得的，按照农户承包土地经营权有关规定进行流转交易。以其他方式承包的，其承包经营权可以采取转让、出租、入股、抵押等方式进行流转交易。

4. 农村集体经营性资产。是指由农村集体统一经营管理的经营性资产（不含土地）的所有权或使用权，可以采取承包、租赁、出让、入股、合资、合作等方式流转交易。

5. 农业生产设施设备。是指农户、农民合作组织、农村集体和涉农企业等拥有的农业生产设施设备，可以采取转让、租赁、拍卖等方式流转交易。

6.小型水利设施使用权。是指农户、农民合作组织、农村集体和涉农企业等拥有的小型水利设施使用权，可以采取承包、租赁、转让、抵押、股份合作等方式流转交易。

7.农业类知识产权。是指涉农专利、商标、版权、新品种、新技术等，可以采取转让、出租、股份合作等方式流转交易。

8.其他。农村建设项目招标、产业项目招商和转让等。

（九）交易主体。凡是法律、法规和政策没有限制的法人和自然人均可以进入市场参与流转交易，具体准入条件按照相关法律、法规和政策执行。现阶段市场流转交易主体主要有农户、农民合作社、农村集体经济组织、涉农企业和其他投资者。农户拥有的产权是否入市流转交易由农户自主决定。任何组织和个人不得强迫或妨碍自主交易。一定标的额以上的农村集体资产流转必须进入市场公开交易，防止暗箱操作。农村产权流转交易市场要依法对各类市场主体的资格进行审查核实、登记备案。产权流转交易的出让方必须是产权权利人，或者受产权权利人委托的受托人。除农户宅基地使用权、农民住房财产权、农户持有的集体资产股权之外，流转交易的受让方原则上没有资格限制（外资企业和境外投资者按照有关法律、法规执行）。对工商企业进入市场流转交易，要依据相关法律、法规和政策，加强准入监管和风险防范。

（十）服务内容。农村产权流转交易市场都应提供发布交易信息、受理交易咨询和申请、协助产权查询、组织交易、出具产权流转交易鉴证书，协助办理产权变更登记和资金结算手续等基本服务；可以根据自身条件，开展资产评估、法律服务、产权经纪、项目推介、抵押融资等配套服务，还可以引入财会、法律、资产评估等中介服务组织以及银行、保险等金融机构和担保公司，为农村产权流转交易提供专业化服务。

（十一）管理制度。农村产权流转交易市场要建立健全规范的市场管理制度和交易规则，对市场运行、服务规范、中介行为、纠纷调处、收费标准等作出具体规定。实行统一规范的业务受理、信息发布、交易签约、交易中（终）止、交易（合同）鉴证、档案管理等制度，流转交易的产权应无争议，发布信息应真实、准确、完整，交易品种和方式应符合相应法律、法规和政策，交易过程应公开公正，交易服务应方便农民群众。

（十二）监督管理。农村产权流转交易监督管理委员会和市场主管部门要强化监督管理，加强定期检查和动态监测，促进交易公平，防范交易风险，确保市场规范运行。及时查处各类违法违规交易行为，严禁隐瞒信息、暗箱操作、操纵交易。耕地、林地、草地、水利设施等产权流转交易后的开发利用，不能改变用途，不能破坏农业综合生产能力，不能破坏生态功能，有关部门要加强监管。

（十三）行业自律。探索建立农村产权流转交易市场行业协会，充分发挥其推动行业发展和行业自律的积极作用。协会要推进行业规范、交易制度和服务标准建设，加强经验交流、政策咨询、人员培训等服务；增强行业自律意识，自觉维护行业形象，提升市场公信力。

四、保障措施

（十四）扶持政策。各地要稳步推进农村集体产权制度改革，扎实做好土地承包经营权、集体建设用地使用权、农户宅基地使用权、林权等确权登记颁证工作。实行市场建设和运营财政补贴等优惠政策，通过采取购买社会化服务或公益性岗位等措施，支持充分利用现代信息技术建立农村产权流转交易和管理信息网络平台，完善服务功能和手段。组织从业人员开展业务培训，积极培育市场中介服务组织，逐步提高专业化水平。

（十五）组织领导。各地要加强领导，健全工作机制，严格执行相关法律、法规和政策；从本地实际出发，根据农村产权流转交易需要，制定管理办法和实施方案。农村工作综合部门和科技、财政、国土资源、住房城乡建设、农业、水利、林业、金融等部门要密切配合，加强指导，及时研究解决工作中的困难和问题。

国务院办公厅
2014 年 12 月 30 日

国土资源部、中央农村工作领导小组办公室、财政部、农业部关于农村集体土地确权登记发证的若干意见

（国土资发〔2011〕178号）

各省、自治区、直辖市及副省级城市国土资源主管部门、农办（农工部、农委、农工委、农牧办）、财政厅（局）、农业（农牧、农村经济）厅（局、委、办），新疆生产建设兵团国土资源局、财务局、农业局，解放军土地管理局：

为切实落实《中共中央国务院关于加大统筹城乡发展力度进一步夯实农业农村发展基础的若干意见》（中发〔2010〕1号），国土资源部、财政部、农业部联合下发了《关于加快推进农村集体土地确权登记发证工作的通知》（国土资发〔2011〕60号），进一步规范和加快推进农村集体土地确权登记发证工作，现提出以下意见：

一、明确农村集体土地确权登记发证的范围

农村集体土地确权登记发证是对农村集体土地所有权和集体土地使用权等土地权利的确权登记发证。农村集体土地使用权包括宅基地使用权、集体建设用地使用权等。农村集体土地所有权确权登记发证要覆盖到全部农村范围内的集体土地，包括属于农民集体所有的建设用地、农用地和未利用地，不得遗漏。

二、依法依规开展农村集体土地确权登记发证工作

按照《中华人民共和国物权法》、《中华人民共和国土地管理法》、《土地登记办法》、《土地权属争议调查处理办法》、《确定土地所有权和使用权的若干规定》等有关法律政策文件以及地方性法规、规章的规定，本着尊重历史、注重现实、有利生产生活、促进社会和谐稳定的原则，在全国土地调查成果以及年度土地利用变更调查成果基础上，依法有序开展确权登记发证工作。

农村集体土地确权登记依据的文件资料包括:人民政府或者有关行政主管部门的批准文件、处理决定;县级以上人民政府国土资源行政主管部门的调解书;人民法院生效的判决、裁定或者调解书;当事人之间依法达成的协议;履行指界程序形成的地籍调查表、土地权属界线协议书等地籍调查成果;法律、法规等规定的其他文件等。

三、加快农村地籍调查工作

各地应以"权属合法、界址清楚、面积准确"为原则,依据《土地利用现状分类》(GB/T 21010—2007)、《集体土地所有权调查技术规定》、《城镇地籍调查规程》等相关技术规定和标准,充分利用全国土地调查等已有成果,以大比例尺地籍调查成果为基础,查清农村每一宗土地的权属、界址、面积和用途(地类)等,按照统一的宗地编码模式,形成完善的地籍调查成果,为农村集体土地确权登记发证提供依据。同时,要注意做好变更地籍调查及变更登记,保持地籍成果的现势性。

凡有条件的地区,农村集体土地所有权宗地地籍调查应采用解析法实测界址点坐标并计算宗地面积;条件不具备的地区,可以全国土地调查成果为基础,核实并确定权属界线,对界址走向进行详细描述,采用图上量算或数据库计算的方法计算宗地面积。农村集体土地所有权宗地图和地籍图比例尺不小于1∶10000。牧区等特殊地区在报经省级国土资源主管部门同意后,地籍图比例尺可以放宽至1∶50000。

宅基地使用权、集体建设用地使用权宗地地籍调查,应采用解析法实测界址点坐标和计算宗地面积,宗地图和地籍图比例尺不小于1∶2000。使用勘丈法等其他方法已发证的宅基地、集体建设用地,在变更登记时,应采用解析法重新测量并计算宗地面积。

四、把农村集体土地所有权确认到每个具有所有权的农民集体

确定农村集体土地所有权主体遵循"主体平等"和"村民自治"的原则,按照乡(镇)、村和村民小组农民集体三类所有权主体,将农村集体土地所有权确认到每个具有所有权的农民集体。凡是村民小组(原生产队)土地权属界线存在的,土地应确认给村民小组农民集体所有,发证到村民小组农民集体;对于村民小组(原生产队)土地权属界线不存在、并得到绝大多数村民认可的,应本着尊重历史、承认现实的原则,对这部分土地承认现状,明确由村农民集体所有;属于乡(镇)农民集体所有的,土地所有权应依法确认给乡(镇)农民集体。

属于村民小组集体所有的土地应当由其集体经济组织或村民小组依法申请登记并持有土地权利证书。对于村民小组组织机构不健全的，可以由村民委员会代为申请登记、保管土地权利证书。

涉及依法“合村并组”的，“合村并组”后土地所有权主体保持不变的，所有权仍然确权给原农民集体；“合村并组”后土地所有权主体发生变化、并得到绝大多数村民认可的，履行集体土地所有权变更的法定程序后，按照变化后的主体确定集体土地所有权，并在土地登记簿和土地证书上备注各原农民集体的土地面积。

涉及依法开展城乡建设用地增减挂钩试点和农村土地整治的，原则上应维持原有土地权属不变；依法调整土地的，按照调整协议确定集体土地权利归属，并依法及时办理土地变更登记手续。

对于“撤村建居”后，未征收的原集体土地，只调查统计，不登记发证。调查统计时在新建单位名称后载明原农民集体名称。

在土地登记簿的“权利人”和土地证书的“土地所有权人”一栏，集体土地所有权主体按“××组（村、乡）农民集体”填写。

五、依法明确农村集体土地所有权主体代表

属于村农民集体所有的，由村集体经济组织或者村民委员会受本农民集体成员的委托行使所有权；分别属于村内两个以上农民集体所有的，由村内各该集体经济组织或者村民小组代表集体行使所有权；属于乡镇农民集体所有的，由乡镇集体经济组织代表集体行使所有权；没有乡（镇）农民集体经济组织的，乡（镇）集体土地所有权由乡（镇）政府代管。在办理土地确权登记手续时，由农民集体所有权主体代表申请办理。

集体经济组织的具体要求和形式，可以由各省（区、市）根据本地有关规定和实际情况依法确定。

六、严格规范确认宅基地使用权主体

宅基地使用权应该按照当地省级人民政府规定的面积标准，依法确认给本农民集体成员。非本农民集体的农民，因地质灾害防治、新农村建设、移民安置等集中迁建，在符合当地规划的前提下，经本农民集体大多数成员同意并经有权机关批准异地建房的，可按规定确权登记发证。已拥有一处宅基地的本农民集体成员、非本农民集体成员的农村或城镇居民，因继承房屋占用农村宅基地的，可按规定登记发证，在《集体土地使用证》记事栏应注记“该权利人为本农民集体原成员住宅的合法继承人”。非农业户口居民(含华侨)原在农村合法取得的宅基地及房屋,房屋产权没有变化的,经该农民集体出具证明并公告无异议的,可依法办理土地登记,在《集体土地使用证》记事栏应注记“该权利人为非本农民集体成员”。

对于没有权属来源证明的宅基地,应当查明土地历史使用情况和现状,由村委会出具证明并公告30天无异议,经乡(镇)人民政府审核,报县级人民政府审定,属于合法使用的,确定宅基地使用权。

七、按照不同的历史阶段对超面积的宅基地进行确权登记发证

1982年《村镇建房用地管理条例》实施前,农村村民建房占用的宅基地,在《村镇建房用地管理条例》实施后至今未扩大用地面积的,可以按现有实际使用面积进行确权登记;1982年《村镇建房用地管理条例》实施起至1987年《土地管理法》实施时止,农村村民建房占用的宅基地,超过当地规定的面积标准的,超过部分按当时国家和地方有关规定处理后,可以按实际使用面积进行确权登记;1987年《土地管理法》实施后,农村村民建房占用的宅基地,超过当地规定的面积标准的,按照实际批准面积进行确权登记。其面积超过各地规定标准的,可在土地登记簿和土地权利证书记事栏内注明超过标准的面积,待以后分户建房或现有房屋拆迁、改建、翻建、政府依法实施规划重新建设时,按有关规定作出处理,并按照各地规定的面积标准重新进行确权登记。

八、认真做好集体建设用地的确权登记发证工作

村委会办公室、医疗教育卫生等公益事业和公共设施用地、乡镇企业用地及其他经依法批准用于非住宅建设的集体土地,应当依法进行确权登记发证,确认集体建设用地使用权。将集体土地使用权依法确认到每个权利主体。凡依法使用集体建设用地的单位或个人应申请确权登记。

对于没有权属来源证明的集体建设用地,应查明土地历史使用情况和现状,认定合法使用的,由村委会出具证明并公告30天无异议的,经乡(镇)人民政府审核,报县级人民政府审批,确权登记发证。

九、妥善处理农村违法宅基地和集体建设用地问题

违法宅基地和集体建设用地必须依法依规处理后方可登记。对于违法宅基地和集体建设用地,应当查明土地历史使用情况和现状,对符合土地利用总体规划与村镇规划以及有关用地政策的,依法补办用地批准手续后,进行登记发证。

十、严格规范农村集体土地确权登记发证行为

结合全国土地登记规范化检查工作，全面加强土地登记规范化建设。严格禁止搞虚假土地登记，严格禁止对违法用地未经依法处理就登记发证。对于借户籍管理制度改革或者擅自通过“村改居”等方式非经法定征收程序将农民集体所有土地转为国有土地、农村集体经济组织非法出让或出租集体土地用于非农业建设、城镇居民在农村购置宅基地、农民住宅或“小产权房”等违法用地，不得登记发证。对于不依法依规进行土地确权登记发证或登记不规范造成严重后果的，严肃追究有关人员责任。

十一、加强土地权属争议调处

各地要从机构建设、队伍建设、经费保障、规范程序等各方面，切实采取有力措施，建立健全土地权属争议调处机制，妥善处理农村集体土地权属争议。

十二、规范完善已有土地登记资料

严格按照有关法律、法规和政策规定，全面核查整理和完善已有土地登记资料。凡是已经登记发证的宗地缺失资料以及不规范的，尽快补正完善；对于发现登记错误的，及时予以更正。各地要做好农村集体土地登记资料的收集整理工作，保证登记资料的全面、完整和规范。各地要进一步建立健全有关制度和标准，统一规范管理土地登记资料。

十三、推进农村集体土地登记信息化

要参照《城镇地籍数据库标准》（TD/T 1015—2007）等技术标准，积极推进农村集体土地登记数据库建设，进一步完善地籍信息系统。在此基础上，稳步推进全国土地登记信息动态监管查询系统建设，提升土地监管能力和社会化服务水平，为参与宏观调控提供支撑，有效发挥土地登记成果资料服务经济社会发展的积极作用。

各省（区、市）可根据当地实际情况，细化制定农村集体土地确权登记的具体工作程序和政策。

不动产登记暂行条例

（国务院令第656号　自2015年3月1日起施行）

第一章　总　　则

第一条　为整合不动产登记职责，规范登记行为，方便群众申请登记，保护权利人合法权益，根据《中华人民共和国物权法》等法律，制定本条例。

第二条　本条例所称不动产登记，是指不动产登记机构依法将不动产权利归属和其他法定事项记载于不动产登记簿的行为。

本条例所称不动产，是指土地、海域以及房屋、林木等定着物。

第三条　不动产首次登记、变更登记、转移登记、注销登记、更正登记、异议登记、预告登记、查封登记等，适用本条例。

第四条　国家实行不动产统一登记制度。

不动产登记遵循严格管理、稳定连续、方便群众的原则。

不动产权利人已经依法享有的不动产权利，不因登记机构和登记程序的改变而受到影响。

第五条　下列不动产权利，依照本条例的规定办理登记：

（一）集体土地所有权；

（二）房屋等建筑物、构筑物所有权；

（三）森林、林木所有权；

（四）耕地、林地、草地等土地承包经营权；

（五）建设用地使用权；

（六）宅基地使用权；

（七）海域使用权；

（八）地役权；

（九）抵押权；

（十）法律规定需要登记的其他不动产权利。

第六条 国务院国土资源主管部门负责指导、监督全国不动产登记工作。

县级以上地方人民政府应当确定一个部门为本行政区域的不动产登记机构，负责不动产登记工作，并接受上级人民政府不动产登记主管部门的指导、监督。

第七条 不动产登记由不动产所在地的县级人民政府不动产登记机构办理；直辖市、设区的市人民政府可以确定本级不动产登记机构统一办理所属各区的不动产登记。

跨县级行政区域的不动产登记，由所跨县级行政区域的不动产登记机构分别办理。不能分别办理的，由所跨县级行政区域的不动产登记机构协商办理；协商不成的，由共同的上一级人民政府不动产登记主管部门指定办理。

国务院确定的重点国有林区的森林、林木和林地，国务院批准项目用海、用岛，中央国家机关使用的国有土地等不动产登记，由国务院国土资源主管部门会同有关部门规定。

第二章 不动产登记簿

第八条 不动产以不动产单元为基本单位进行登记。不动产单元具有唯一编码。

不动产登记机构应当按照国务院国土资源主管部门的规定设立统一的不动产登记簿。

不动产登记簿应当记载以下事项：

（一）不动产的坐落、界址、空间界限、面积、用途等自然状况；

（二）不动产权利的主体、类型、内容、来源、期限、权利变化等权属状况；

（三）涉及不动产权利限制、提示的事项；

（四）其他相关事项。

第九条 不动产登记簿应当采用电子介质，暂不具备条件的，可以采用纸质介质。不动产登记机构应当明确不动产登记簿唯一、合法的介质形式。

不动产登记簿采用电子介质的，应当定期进行异地备份，并具有唯一、确定的纸质转化形式。

第十条 不动产登记机构应当依法将各类登记事项准确、完整、清晰地记载于不动产登记簿。任何人不得损毁不动产登记簿,除依法予以更正外不得修改登记事项。

第十一条 不动产登记工作人员应当具备与不动产登记工作相适应的专业知识和业务能力。

不动产登记机构应当加强对不动产登记工作人员的管理和专业技术培训。

第十二条 不动产登记机构应当指定专人负责不动产登记簿的保管,并建立健全相应的安全责任制度。

采用纸质介质不动产登记簿的,应当配备必要的防盗、防火、防渍、防有害生物等安全保护设施。

采用电子介质不动产登记簿的,应当配备专门的存储设施,并采取信息网络安全防护措施。

第十三条 不动产登记簿由不动产登记机构永久保存。不动产登记簿损毁、灭失的,不动产登记机构应当依据原有登记资料予以重建。

行政区域变更或者不动产登记机构职能调整的,应当及时将不动产登记簿移交相应的不动产登记机构。

第三章 登记程序

第十四条 因买卖、设定抵押权等申请不动产登记的,应当由当事人双方共同申请。

属于下列情形之一的,可以由当事人单方申请:

(一)尚未登记的不动产首次申请登记的;

(二)继承、接受遗赠取得不动产权利的;

(三)人民法院、仲裁委员会生效的法律文书或者人民政府生效的决定等设立、变更、转让、消灭不动产权利的;

(四)权利人姓名、名称或者自然状况发生变化,申请变更登记的;

(五)不动产灭失或者权利人放弃不动产权利,申请注销登记的;

(六)申请更正登记或者异议登记的;

(七)法律、行政法规规定可以由当事人单方申请的其他情形。

第十五条 当事人或者其代理人应当到不动产登记机构办公场所申请不动产登记。

不动产登记机构将申请登记事项记载于不动产登记簿前，申请人可以撤回登记申请。

第十六条 申请人应当提交下列材料，并对申请材料的真实性负责：

（一）登记申请书；

（二）申请人、代理人身份证明材料、授权委托书；

（三）相关的不动产权属来源证明材料、登记原因证明文件、不动产权属证书；

（四）不动产界址、空间界限、面积等材料；

（五）与他人利害关系的说明材料；

（六）法律、行政法规以及本条例实施细则规定的其他材料。

不动产登记机构应当在办公场所和门户网站公开申请登记所需材料目录和示范文本等信息。

第十七条 不动产登记机构收到不动产登记申请材料，应当分别按照下列情况办理：

（一）属于登记职责范围，申请材料齐全、符合法定形式，或者申请人按照要求提交全部补正申请材料的，应当受理并书面告知申请人；

（二）申请材料存在可以当场更正的错误的，应当告知申请人当场更正，申请人当场更正后，应当受理并书面告知申请人；

（三）申请材料不齐全或者不符合法定形式的，应当当场书面告知申请人不予受理并一次性告知需要补正的全部内容；

（四）申请登记的不动产不属于本机构登记范围的，应当当场书面告知申请人不予受理并告知申请人向有登记权的机构申请。

不动产登记机构未当场书面告知申请人不予受理的，视为受理。

第十八条 不动产登记机构受理不动产登记申请的，应当按照下列要求进行查验：

（一）不动产界址、空间界限、面积等材料与申请登记的不动产状况是否一致；

（二）有关证明材料、文件与申请登记的内容是否一致；

（三）登记申请是否违反法律、行政法规规定。

第十九条 属于下列情形之一的，不动产登记机构可以对申请登记的不动产进行实地查看：

（一）房屋等建筑物、构筑物所有权首次登记；

（二）在建建筑物抵押权登记；

（三）因不动产灭失导致的注销登记；

（四）不动产登记机构认为需要实地查看的其他情形。

对可能存在权属争议，或者可能涉及他人利害关系的登记申请，不动产登记机构可以向申请人、利害关系人或者有关单位进行调查。

不动产登记机构进行实地查看或者调查时，申请人、被调查人应当予以配合。

第二十条 不动产登记机构应当自受理登记申请之日起30个工作日内办结不动产登记手续，法律另有规定的除外。

第二十一条 登记事项自记载于不动产登记簿时完成登记。

不动产登记机构完成登记，应当依法向申请人核发不动产权属证书或者登记证明。

第二十二条 登记申请有下列情形之一的，不动产登记机构应当不予登记，并书面告知申请人：

（一）违反法律、行政法规规定的；

（二）存在尚未解决的权属争议的；

（三）申请登记的不动产权利超过规定期限的；

（四）法律、行政法规规定不予登记的其他情形。

第四章 登记信息共享与保护

第二十三条 国务院国土资源主管部门应当会同有关部门建立统一的不动产登记信息管理基础平台。

各级不动产登记机构登记的信息应当纳入统一的不动产登记信息管理基础平台，确保国家、省、市、县四级登记信息的实时共享。

第二十四条 不动产登记有关信息与住房城乡建设、农业、林业、海洋等部门审批信息、交易信息等应当实时互通共享。

不动产登记机构能够通过实时互通共享取得的信息，不得要求不动产登记申请人重复提交。

第二十五条 国土资源、公安、民政、财政、税务、工商、金融、审计、统计等部门应当加强不动产登记有关信息互通共享。

第二十六条 不动产登记机构、不动产登记信息共享单位及其工作人员应当对不动产登记信息保密；涉及国家秘密的不动产登记信息，应当依法采取必要的安全保密措施。

第二十七条 权利人、利害关系人可以依法查询、复制不动产登记资料，不动产登记机构应当提供。

有关国家机关可以依照法律、行政法规的规定查询、复制与调查处理事项有关的不动产登记资料。

第二十八条 查询不动产登记资料的单位、个人应当向不动产登记机构说明查询目的，不得将查询获得的不动产登记资料用于其他目的；未经权利人同意，不得泄露查询获得的不动产登记资料。

第五章 法律责任

第二十九条 不动产登记机构登记错误给他人造成损害，或者当事人提供虚假材料申请登记给他人造成损害的，依照《中华人民共和国物权法》的规定承担赔偿责任。

第三十条 不动产登记机构工作人员进行虚假登记，损毁、伪造不动产登记簿，擅自修改登记事项，或者有其他滥用职权、玩忽职守行为的，依法给予处分；给他人造成损害的，依法承担赔偿责任；构成犯罪的，依法追究刑事责任。

第三十一条 伪造、变造不动产权属证书、不动产登记证明，或者买卖、使用伪造、变造的不动产权属证书、不动产登记证明的，由不动产登记机构或者公安机关依法予以收缴；有违法所得的，没收违法所得；给他人造成损害的，依法承担赔偿责任；构成违反治安管理行为的，依法给予治安管理处罚；构成犯罪的，依法追究刑事责任。

第三十二条 不动产登记机构、不动产登记信息共享单位及其工作人员，查询不动产登记资料的单位或者个人违反国家规定，泄露不动产登记资料、登记信息，或者利用不动产登记资料、登记信息进行不正当活动，给他人造成损害的，依法承担赔偿责任；对有关责任人员依法给予处分；有关责任人员构成犯罪的，依法追究刑事责任。

第六章　附　　则

第三十三条　本条例施行前依法颁发的各类不动产权属证书和制作的不动产登记簿继续有效。

不动产统一登记过渡期内，农村土地承包经营权的登记按照国家有关规定执行。

第三十四条　本条例实施细则由国务院国土资源主管部门会同有关部门制定。

第三十五条　本条例自2015年3月1日起施行。本条例施行前公布的行政法规有关不动产登记的规定与本条例规定不一致的，以本条例规定为准。

农业农村部、国家发展改革委、财政部、中国人民银行、国家税务总局、国家市场监督管理总局关于开展土地经营权入股发展农业产业化经营试点的指导意见

（农产发〔2018〕4号）

各省、自治区、直辖市及新疆生产建设兵团农业农村、发展改革、财政、市场监督管理部门，中国人民银行上海总部、各分行、营业管理部、各省会（首府）城市中心支行，国家税务总局各省、自治区、直辖市和计划单列市税务局：

为贯彻落实党的十九大精神和十八届三中全会部署，按照《中共中央办公厅　国务院办公厅关于完善农村土地所有权承包权经营权分置办法的意见》要求，指导各地稳妥开展土地（指农户家庭承包地）经营权入股发展农业产业化经营试点工作，促进乡村振兴，提出如下意见。

一、充分认识土地经营权入股发展农业产业化经营的重要意义

（一）土地经营权入股是用活土地经营权的有效形式。推行土地经营权入股，是深化农村土地制度改革的重要措施。土地经营权入股龙头企业和作价出资农民专业合作社（以下统称土地经营权入股），使农民拥有更多的流转方式选择，让农民分享农业全产业链利润，拓展农民财产性收入来源。同时，也让龙头企业、农民专业合作社获得土地经营权，在更大范围、更高层次上推进农业产业化经营。

（二）土地经营权入股是促进适度规模经营的重要途径。土地经营权入股，便于土地集中连片，实现规模化经营、标准化生产；便于培育开展适度规模经营的龙头企业和农民专业合作社，为其发展提供物质条件；便于促进农户、家庭农场、龙头企业、农民专业合作社之间构建优势互补、利益共享、风险共担的联结机制，促进适度规模经营的长期稳定，实现小农户和现代农业发展有机衔接。

（三）土地经营权入股能够增强乡村产业振兴的发展动能。乡村产业振兴需要资金、技术、人才等资源要素聚集。土地经营权入股龙头企业和农民专业合作社，促进土地与资金、技术等现代生产要素有机结合，建设原料基地，培育特色产业，发展农产品加工业，促进农村一二三产业融合发展，壮大乡村产业，助力乡村振兴。

二、准确把握土地经营权入股发展农业产业化经营的基本原则

（一）落实“三权分置”，严守政策底线。坚持农村土地集体所有权，依法维护农民集体对承包地的各项权能。严格保护农户承包权，任何组织和个人都不能取代农民家庭的土地承包地位，都不能非法剥夺和限制农户的土地承包权。放活土地经营权，依法平等保护经营主体依流转合同取得的经营权，保障其有稳定的经营预期。

（二）遵循市场规律，发挥政府作用。坚持市场在资源配置中的决定性作用，要客观反映土地等要素的实际贡献和稀缺程度，按照市场规则协商确定入股各方的权利义务和利益分配。更好发挥政府作用，完善土地经营权入股相关政策措施，确保农民的知情权、参与权、监督权和收益权，平等保护各方合法权益。

（三）因地制宜推进，循序渐进发展。充分考虑地域差异、经济基础及农村劳动力转移等因素，根据实际情况适度开展土地经营权入股。鼓励探索形式多样、符合实际的入股方式，不搞强迫命令、盲目攀比和“一刀切”，要边试点、边总结、边发展。

（四）强化风险管控，维护农民利益。土地经营权入股期限不能超过土地承包剩余期限，入股的土地不能改变土地性质和用途，不能降低耕地的基础地力，严禁入股土地“非农化”。鼓励有条件的地方探索建立土地经营权入股风险防范制度。鼓励实行“保底收益＋按股分红”，让农民特别是贫困户在土地经营权入股中有稳定收益。

三、明确土地经营权入股发展农业产业化经营的重点任务

（一）创新土地经营权入股的实现形式。根据公司股东、农民专业合作社成员等各方的意愿和要求，合理确定土地经营权入股的形式，培育一批土地经营权出资发展农业产业化经营的公司、农民专业合作社。农户的土地经营权可以依法直接对公司和农民专业合作社出资，还可以先出资设立农民专业合作社，再由农民专业合作社以土地经营权出资设立公司。发挥土地经营权入股对脱贫攻坚的重要作用，有关财政资金在不改变用途的情况下，所形成的资产具备条件的可折股量化给贫困村和贫困户，探索财政资金形成资产股权量化和土地经营权入股联动的有效方式，建立公司、农民专业合作社与农户特别是贫困户的紧密利益联结机制。

（二）完善土地股份组织运行机制。探索建立公平合理的土地经营权评估作价机制，作价应考虑土地数量质量、入股期限长短、不同要素比价等因素，参考有关部门发布的土地经营权流转指导价格，由公司股东、农民专业合作社成员等各方协商确定。土地经营权入股公司的，提倡同股同权同责，按股份比例分享决策权、分取收益、承担责任；经全体公司股东约定或公司章程规定，也可实行股、权、责差异化配置，但应符合权利义务对等原则。加强公司、农民专业合作社财务管理规范化建设，财务情况依法向农户（成员）公开。保障公司、农民专业合作社对入股土地经营权的正常合法行使，经农户或其委托代理人书面同意并向村民委员会或集体经济组织书面备案，可以依法依规对土地集中连片整理改造和对土地经营权进行再流转和抵押。妥善处理农户退出问题，探索通过限定最短入股期限、调换地块等方式，稳定公司、农民专业合作社对土地经营的预期。公司、农民专业合作社破产清算后，农户可以按照有关法律法规或公司、农民专业合作社章程规定回购土地经营权。

（三）探索土地经营权入股风险防范措施。村民委员会或集体经济组织应对承包农户土地经营权入股进行书面备案，对公司、农民专业合作社使用承包地进行监督。探索“优先股”，让农民在让渡公司经营决策权的同时享有优先分红的权利；探索“先租后股”，让农民先出租土地，在公司、农民专业合作社具有稳定良好的经济效益之后再入股。发挥保险化解风险的作用，探索“入股履约保证保险”等多种土地经营权入股保险，为农民的“保底收益”和土地经营权回购提供保险保障；加强农业保险，增强公司、农民专业合作社抗风险能力。

四、强化土地经营权入股发展农业产业化经营的政策保障

（一）推进登记颁证。加快完成农村承包地确权登记颁证，建立完善土地经营权价格评估体系，建立健全土地经营权流转市场，做好土地承包经营纠纷调解仲裁工作，为土地经营权入股提供保障。以土地经营权入股公司，注册资本实行认缴登记制，由申请人对入股的注册资本数额、合法性、真实性负责；法律法规规定实缴的，按照注册资本实缴登记的有关规定执行。允许农民以土地经营权作价出资加入农民专业合作社，依法予以登记，由申请成员对土地经营权合法性负责。

（二）加强指导服务。各省（区、市）农业农村部门要牵头组织开展土地经营权入股试点工作，对已经开展试点的县（市、区）和有关公司、农民专业合作社做好跟踪指导，在尚未开展试点的地方适时选择一批具备条件的公司、农民专业合作社开展试点。鼓励探索对农民以土地经营权入股进行风险提示的办法。加强对土地经营权入股的日常指导、调查监测，妥善处理入股中的各种纠纷，依法保护农户、家庭农场、公司、农民专业合作社等各方的合法权益。引导土地经营权入股的公司、作价出资的农民专业合作社依托国家企业信用信息公示系统依法主动公示相关信息，通过跨部门、跨行业联合监管，督促其合法规范经营。

（三）加大支持力度。各级农业农村部门要与发改、财政、人行、税务、市场监管、银保监等部门沟通协调，进一步支持土地经营权入股发展农业产业化经营。将符合条件的土地经营权入股的公司、作价出资的农民专业合作社纳入相关财政支农政策、农业信贷担保体系支持范围。推动解决公司、农民专业合作社抵押物少、贷款难的问题，鼓励商业保险机构开发适应土地经营权入股需求的保险产品。落实涉企和农民专业合作社的税收优惠政策。总结入股的做法和成效，形成可复制、能推广的经验和举措，加大对先进典型的宣传推广力度，引导土地经营权入股发展农业产业化经营试点有序推进。

农业农村部　国家发展改革委　财政部
中国人民银行　国家税务总局
国家市场监督管理总局
2018年12月19日

大中型水利水电工程建设征地补偿和移民安置条例

（2006年7月7日中华人民共和国国务院令第471号公布
根据2013年7月18日《国务院关于废止和修改部分行政法规的决定》
第一次修订　根据2013年12月7日《国务院关于修改部分行政法规的
决定》第二次修订　根据2017年4月14日《国务院关于修改〈大中型
水利水电工程建设征地补偿和移民安置条例〉的决定》第三次修订）

第一章　总　　则

第一条　为了做好大中型水利水电工程建设征地补偿和移民安置工作，维护移民合法权益，保障工程建设的顺利进行，根据《中华人民共和国土地管理法》和《中华人民共和国水法》，制定本条例。

第二条　大中型水利水电工程的征地补偿和移民安置，适用本条例。

第三条　国家实行开发性移民方针，采取前期补偿、补助与后期扶持相结合的办法，使移民生活达到或者超过原有水平。

第四条　大中型水利水电工程建设征地补偿和移民安置应当遵循下列原则：

（一）以人为本，保障移民的合法权益，满足移民生存与发展的需求；

（二）顾全大局，服从国家整体安排，兼顾国家、集体、个人利益；

（三）节约利用土地，合理规划工程占地，控制移民规模；

（四）可持续发展，与资源综合开发利用、生态环境保护相协调；

（五）因地制宜，统筹规划。

第五条　移民安置工作实行政府领导、分级负责、县为基础、项目法人参与的管理体制。

国务院水利水电工程移民行政管理机构（以下简称国务院移民管理机构）负

责全国大中型水利水电工程移民安置工作的管理和监督。

县级以上地方人民政府负责本行政区域内大中型水利水电工程移民安置工作的组织和领导；省、自治区、直辖市人民政府规定的移民管理机构，负责本行政区域内大中型水利水电工程移民安置工作的管理和监督。

第二章　移民安置规划

第六条　已经成立项目法人的大中型水利水电工程，由项目法人编制移民安置规划大纲，按照审批权限报省、自治区、直辖市人民政府或者国务院移民管理机构审批；省、自治区、直辖市人民政府或者国务院移民管理机构在审批前应当征求移民区和移民安置区县级以上地方人民政府的意见。

没有成立项目法人的大中型水利水电工程，项目主管部门应当会同移民区和移民安置区县级以上地方人民政府编制移民安置规划大纲，按照审批权限报省、自治区、直辖市人民政府或者国务院移民管理机构审批。

第七条　移民安置规划大纲应当根据工程占地和淹没区实物调查结果以及移民区、移民安置区经济社会情况和资源环境承载能力编制。

工程占地和淹没区实物调查，由项目主管部门或者项目法人会同工程占地和淹没区所在地的地方人民政府实施；实物调查应当全面准确，调查结果经调查者和被调查者签字认可并公示后，由有关地方人民政府签署意见。实物调查工作开始前，工程占地和淹没区所在地的省级人民政府应当发布通告，禁止在工程占地和淹没区新增建设项目和迁入人口，并对实物调查工作作出安排。

第八条　移民安置规划大纲应当主要包括移民安置的任务、去向、标准和农村移民生产安置方式以及移民生活水平评价和搬迁后生活水平预测、水库移民后期扶持政策、淹没线以上受影响范围的划定原则、移民安置规划编制原则等内容。

第九条　编制移民安置规划大纲应当广泛听取移民和移民安置区居民的意见；必要时，应当采取听证的方式。

经批准的移民安置规划大纲是编制移民安置规划的基本依据，应当严格执行，不得随意调整或者修改；确需调整或者修改的，应当报原批准机关批准。

第十条　已经成立项目法人的，由项目法人根据经批准的移民安置规划大纲编制移民安置规划；没有成立项目法人的，项目主管部门应当会同移民区和移民安置区县级以上地方人民政府，根据经批准的移民安置规划大纲编制移民安置规划。

大中型水利水电工程的移民安置规划，按照审批权限经省、自治区、直辖市人民政府移民管理机构或者国务院移民管理机构审核后，由项目法人或者项目主管部门报项目审批或者核准部门，与可行性研究报告或者项目申请报告一并审批或者核准。

省、自治区、直辖市人民政府移民管理机构或者国务院移民管理机构审核移民安置规划，应当征求本级人民政府有关部门以及移民区和移民安置区县级以上地方人民政府的意见。

第十一条 编制移民安置规划应当以资源环境承载能力为基础，遵循本地安置与异地安置、集中安置与分散安置、政府安置与移民自找门路安置相结合的原则。

编制移民安置规划应当尊重少数民族的生产、生活方式和风俗习惯。

移民安置规划应当与国民经济和社会发展规划以及土地利用总体规划、城市总体规划、村庄和集镇规划相衔接。

第十二条 移民安置规划应当对农村移民安置、城(集)镇迁建、工矿企业迁建、专项设施迁建或者复建、防护工程建设、水库水域开发利用、水库移民后期扶持措施、征地补偿和移民安置资金概(估)算等作出安排。

对淹没线以上受影响范围内因水库蓄水造成的居民生产、生活困难问题，应当纳入移民安置规划，按照经济合理的原则，妥善处理。

第十三条 对农村移民安置进行规划，应当坚持以农业生产安置为主，遵循因地制宜、有利生产、方便生活、保护生态的原则，合理规划农村移民安置点；有条件的地方，可以结合小城镇建设进行。

农村移民安置后，应当使移民拥有与移民安置区居民基本相当的土地等农业生产资料。

第十四条 对城(集)镇移民安置进行规划，应当以城(集)镇现状为基础，节约用地，合理布局。

工矿企业的迁建，应当符合国家的产业政策，结合技术改造和结构调整进行；对技术落后、浪费资源、产品质量低劣、污染严重、不具备安全生产条件的企业，应当依法关闭。

第十五条 编制移民安置规划应当广泛听取移民和移民安置区居民的意见；必要时，应当采取听证的方式。

经批准的移民安置规划是组织实施移民安置工作的基本依据，应当严格执行，不得随意调整或者修改；确需调整或者修改的，应当依照本条例第十条的规定重新报批。

未编制移民安置规划或者移民安置规划未经审核的大中型水利水电工程建设项目，有关部门不得批准或者核准其建设，不得为其办理用地等有关手续。

第十六条 征地补偿和移民安置资金、依法应当缴纳的耕地占用税和耕地开垦费以及依照国务院有关规定缴纳的森林植被恢复费等应当列入大中型水利水电工程概算。

征地补偿和移民安置资金包括土地补偿费、安置补助费，农村居民点迁建、城（集）镇迁建、工矿企业迁建以及专项设施迁建或者复建补偿费（含有关地上附着物补偿费），移民个人财产补偿费（含地上附着物和青苗补偿费）和搬迁费，库底清理费，淹没区文物保护费和国家规定的其他费用。

第十七条 农村移民集中安置的农村居民点、城（集）镇、工矿企业以及专项设施等基础设施的迁建或者复建选址，应当依法做好环境影响评价、水文地质与工程地质勘察、地质灾害防治和地质灾害危险性评估。

第十八条 对淹没区内的居民点、耕地等，具备防护条件的，应当在经济合理的前提下，采取修建防护工程等防护措施，减少淹没损失。

防护工程的建设费用由项目法人承担，运行管理费用由大中型水利水电工程管理单位负责。

第十九条 对工程占地和淹没区内的文物，应当查清分布，确认保护价值，坚持保护为主、抢救第一的方针，实行重点保护、重点发掘。

第三章 征地补偿

第二十条 依法批准的流域规划中确定的大中型水利水电工程建设项目的用地，应当纳入项目所在地的土地利用总体规划。

大中型水利水电工程建设项目核准或者可行性研究报告批准后，项目用地应当列入土地利用年度计划。

属于国家重点扶持的水利、能源基础设施的大中型水利水电工程建设项目，其用地可以以划拨方式取得。

第二十一条 大中型水利水电工程建设项目用地，应当依法申请并办理审批手续,实行一次报批、分期征收,按期支付征地补偿费。

对于应急的防洪、治涝等工程,经有批准权的人民政府决定,可以先行使用土地,事后补办用地手续。

第二十二条 大中型水利水电工程建设征收土地的土地补偿费和安置补助费,实行与铁路等基础设施项目用地同等补偿标准,按照被征收土地所在省、自治区、直辖市规定的标准执行。

被征收土地上的零星树木、青苗等补偿标准,按照被征收土地所在省、自治区、直辖市规定的标准执行。

被征收土地上的附着建筑物按照其原规模、原标准或者恢复原功能的原则补偿;对补偿费用不足以修建基本用房的贫困移民,应当给予适当补助。

使用其他单位或者个人依法使用的国有耕地,参照征收耕地的补偿标准给予补偿;使用未确定给单位或者个人使用的国有未利用地,不予补偿。

移民远迁后,在水库周边淹没线以上属于移民个人所有的零星树木、房屋等应当分别依照本条第二款、第三款规定的标准给予补偿。

第二十三条 大中型水利水电工程建设临时用地,由县级以上人民政府土地主管部门批准。

第二十四条 工矿企业和交通、电力、电信、广播电视等专项设施以及中小学的迁建或者复建,应当按照其原规模、原标准或者恢复原功能的原则补偿。

第二十五条 大中型水利水电工程建设占用耕地的,应当执行占补平衡的规定。为安置移民开垦的耕地、因大中型水利水电工程建设而进行土地整理新增的耕地、工程施工新造的耕地可以抵扣或者折抵建设占用耕地的数量。

大中型水利水电工程建设占用25度以上坡耕地的,不计入需要补充耕地的范围。

第四章 移民安置

第二十六条 移民区和移民安置区县级以上地方人民政府负责移民安置规划的组织实施。

第二十七条 大中型水利水电工程开工前,项目法人应当根据经批准的移民安置规划,与移民区和移民安置区所在的省、自治区、直辖市人民政府或者市、县人民政府签订移民安置协议;签订协议的省、自治区、直辖市人民政府或者市人民政府,可以与下一级有移民或者移民安置任务的人民政府签订移民安置协议。

第二十八条 项目法人应当根据大中型水利水电工程建设的要求和移民安置规划,在每年汛期结束后60日内,向与其签订移民安置协议的地方人民政府提出下年度移民安置计划建议;签订移民安置协议的地方人民政府,应当根据移民安置规划和项目法人的年度移民安置计划建议,在与项目法人充分协商的基础上,组织编制并下达本行政区域的下年度移民安置年度计划。

第二十九条 项目法人应当根据移民安置年度计划,按照移民安置实施进度将征地补偿和移民安置资金支付给与其签订移民安置协议的地方人民政府。

第三十条 农村移民在本县通过新开发土地或者调剂土地集中安置的,县级人民政府应当将土地补偿费、安置补助费和集体财产补偿费直接全额兑付给该村集体经济组织或者村民委员会。

农村移民分散安置到本县内其他村集体经济组织或者村民委员会的,应当由移民安置村集体经济组织或者村民委员会与县级人民政府签订协议,按照协议安排移民的生产和生活。

第三十一条 农村移民在本省行政区域内其他县安置的,与项目法人签订移民安置协议的地方人民政府,应当及时将相应的征地补偿和移民安置资金交给移民安置区县级人民政府,用于安排移民的生产和生活。

农村移民跨省安置的,项目法人应当及时将相应的征地补偿和移民安置资金交给移民安置区省、自治区、直辖市人民政府,用于安排移民的生产和生活。

第三十二条 搬迁费以及移民个人房屋和附属建筑物、个人所有的零星树木、青苗、农副业设施等个人财产补偿费,由移民区县级人民政府直接全额兑付给移民。

第三十三条 移民自愿投亲靠友的,应当由本人向移民区县级人民政府提出申请,并提交接收地县级人民政府出具的接收证明;移民区县级人民政府确认其具有土地等农业生产资料后,应当与接收地县级人民政府和移民共同签订协议,将土地补偿费、安置补助费交给接收地县级人民政府,统筹安排移民的生产和生活,将个人财产补偿费和搬迁费发给移民个人。

第三十四条 城(集)镇迁建、工矿企业迁建、专项设施迁建或者复建补偿费,由移民区县级以上地方人民政府交给当地人民政府或者有关单位。因扩大规模、提高标准增加的费用,由有关地方人民政府或者有关单位自行解决。

第三十五条 农村移民集中安置的农村居民点应当按照经批准的移民安置规划确定的规模和标准迁建。

农村移民集中安置的农村居民点的道路、供水、供电等基础设施，由乡（镇）、村统一组织建设。

农村移民住房，应当由移民自主建造。有关地方人民政府或者村民委员会应当统一规划宅基地，但不得强行规定建房标准。

第三十六条 农村移民安置用地应当依照《中华人民共和国土地管理法》和《中华人民共和国农村土地承包法》办理有关手续。

第三十七条 移民安置达到阶段性目标和移民安置工作完毕后，省、自治区、直辖市人民政府或者国务院移民管理机构应当组织有关单位进行验收；移民安置未经验收或者验收不合格的，不得对大中型水利水电工程进行阶段性验收和竣工验收。

第五章 后期扶持

第三十八条 移民安置区县级以上地方人民政府应当编制水库移民后期扶持规划，报上一级人民政府或者其移民管理机构批准后实施。

编制水库移民后期扶持规划应当广泛听取移民的意见；必要时，应当采取听证的方式。

经批准的水库移民后期扶持规划是水库移民后期扶持工作的基本依据，应当严格执行，不得随意调整或者修改；确需调整或者修改的，应当报原批准机关批准。

未编制水库移民后期扶持规划或者水库移民后期扶持规划未经批准，有关单位不得拨付水库移民后期扶持资金。

第三十九条 水库移民后期扶持规划应当包括后期扶持的范围、期限、具体措施和预期达到的目标等内容。水库移民安置区县级以上地方人民政府应当采取建立责任制等有效措施，做好后期扶持规划的落实工作。

第四十条 水库移民后期扶持资金应当按照水库移民后期扶持规划，主要作为生产生活补助发放给移民个人；必要时可以实行项目扶持，用于解决移民村生产生活中存在的突出问题，或者采取生产生活补助和项目扶持相结合的方式。具体扶持标准、期限和资金的筹集、使用管理依照国务院有关规定执行。

省、自治区、直辖市人民政府根据国家规定的原则，结合本行政区域实际情况，制定水库移民后期扶持具体实施办法，报国务院批准后执行。

第四十一条 各级人民政府应当加强移民安置区的交通、能源、水利、环保、通信、文化、教育、卫生、广播电视等基础设施建设，扶持移民安置区发展。

移民安置区地方人民政府应当将水库移民后期扶持纳入本级人民政府国民经济和社会发展规划。

第四十二条 国家在移民安置区和大中型水利水电工程受益地区兴办的生产建设项目，应当优先吸收符合条件的移民就业。

第四十三条 大中型水利水电工程建成后形成的水面和水库消落区土地属于国家所有，由该工程管理单位负责管理，并可以在服从水库统一调度和保证工程安全、符合水土保持和水质保护要求的前提下，通过当地县级人民政府优先安排给当地农村移民使用。

第四十四条 国家在安排基本农田和水利建设资金时，应当对移民安置区所在县优先予以扶持。

第四十五条 各级人民政府及其有关部门应当加强对移民的科学文化知识和实用技术的培训，加强法制宣传教育，提高移民素质，增强移民就业能力。

第四十六条 大中型水利水电工程受益地区的各级地方人民政府及其有关部门应当按照优势互补、互惠互利、长期合作、共同发展的原则，采取多种形式对移民安置区给予支持。

第六章 监督管理

第四十七条 国家对移民安置和水库移民后期扶持实行全过程监督。省、自治区、直辖市人民政府和国务院移民管理机构应当加强对移民安置和水库移民后期扶持的监督，发现问题应当及时采取措施。

第四十八条 国家对征地补偿和移民安置资金、水库移民后期扶持资金的拨付、使用和管理实行稽察制度，对拨付、使用和管理征地补偿和移民安置资金、水库移民后期扶持资金的有关地方人民政府及其有关部门的负责人依法实行任期经济责任审计。

第四十九条 县级以上人民政府应当加强对下级人民政府及其财政、发展改革、移民等有关部门或者机构拨付、使用和管理征地补偿和移民安置资金、水库移民后期扶持资金的监督。

县级以上地方人民政府或者其移民管理机构应当加强对征地补偿和移民安置资金、水库移民后期扶持资金的管理，定期向上一级人民政府或者其移民管理机构报告并向项目法人通报有关资金拨付、使用和管理情况。

第五十条 各级审计、监察机关应当依法加强对征地补偿和移民安置资金、水库移民后期扶持资金拨付、使用和管理情况的审计和监察。

县级以上人民政府财政部门应当加强对征地补偿和移民安置资金、水库移民后期扶持资金拨付、使用和管理情况的监督。

审计、监察机关和财政部门进行审计、监察和监督时，有关单位和个人应当予以配合，及时提供有关资料。

第五十一条 国家对移民安置实行全过程监督评估。签订移民安置协议的地方人民政府和项目法人应当采取招标的方式，共同委托移民安置监督评估单位对移民搬迁进度、移民安置质量、移民资金的拨付和使用情况以及移民生活水平的恢复情况进行监督评估；被委托方应当将监督评估的情况及时向委托方报告。

第五十二条 征地补偿和移民安置资金应当专户存储、专账核算，存储期间的孳息，应当纳入征地补偿和移民安置资金，不得挪作他用。

第五十三条 移民区和移民安置区县级人民政府，应当以村为单位将大中型水利水电工程征收的土地数量、土地种类和实物调查结果、补偿范围、补偿标准和金额以及安置方案等向群众公布。群众提出异议的，县级人民政府应当及时核查，并对统计调查结果不准确的事项进行改正；经核查无误的，应当及时向群众解释。

有移民安置任务的乡（镇）、村应当建立健全征地补偿和移民安置资金的财务管理制度，并将征地补偿和移民安置资金收支情况张榜公布，接受群众监督；土地补偿费和集体财产补偿费的使用方案应当经村民会议或者村民代表会议讨论通过。

移民安置区乡（镇）人民政府、村（居）民委员会应当采取有效措施帮助移民适应当地的生产、生活，及时调处矛盾纠纷。

第五十四条 县级以上地方人民政府或者其移民管理机构以及项目法人应当建立移民工作档案，并按照国家有关规定进行管理。

第五十五条 国家切实维护移民的合法权益。

在征地补偿和移民安置过程中，移民认为其合法权益受到侵害的，可以依法向县级以上人民政府或者其移民管理机构反映，县级以上人民政府或者其移民管理机构应当对移民反映的问题进行核实并妥善解决。移民也可以依法向人民法院提起诉讼。

移民安置后，移民与移民安置区当地居民享有同等的权利，承担同等的义务。

第五十六条 按照移民安置规划必须搬迁的移民，无正当理由不得拖延搬迁或者拒迁。已经安置的移民不得返迁。

第七章 法律责任

第五十七条 违反本条例规定，有关地方人民政府、移民管理机构、项目审批部门及其他有关部门有下列行为之一的，对直接负责的主管人员和其他直接责任人员依法给予行政处分；造成严重后果，有关责任人员构成犯罪的，依法追究刑事责任：

（一）违反规定批准移民安置规划大纲、移民安置规划或者水库移民后期扶持规划的；

（二）违反规定批准或者核准未编制移民安置规划或者移民安置规划未经审核的大中型水利水电工程建设项目的；

（三）移民安置未经验收或者验收不合格而对大中型水利水电工程进行阶段性验收或者竣工验收的；

（四）未编制水库移民后期扶持规划，有关单位拨付水库移民后期扶持资金的；

（五）移民安置管理、监督和组织实施过程中发现违法行为不予查处的；

（六）在移民安置过程中发现问题不及时处理，造成严重后果以及有其他滥用职权、玩忽职守等违法行为的。

第五十八条 违反本条例规定，项目主管部门或者有关地方人民政府及其有关部门调整或者修改移民安置规划大纲、移民安置规划或者水库移民后期扶持规划的，由批准该规划大纲、规划的有关人民政府或者其有关部门、机构责令改正，对直接负责的主管人员和其他直接责任人员依法给予行政处分；造成重大损失，有关责任人员构成犯罪的，依法追究刑事责任。

违反本条例规定，项目法人调整或者修改移民安置规划大纲、移民安置规划的，由批准该规划大纲、规划的有关人民政府或者其有关部门、机构责令改正，处10万元以上50万元以下的罚款；对直接负责的主管人员和其他直接责任人员处1万元以上5万元以下的罚款；造成重大损失，有关责任人员构成犯罪的，依法追究刑事责任。

第五十九条 违反本条例规定，在编制移民安置规划大纲、移民安置规划、水库移民后期扶持规划，或者进行实物调查、移民安置监督评估中弄虚作假的，由批准该规划大纲、规划的有关人民政府或者其有关部门、机构责令改正，对有关单位处10万元以上50万元以下的罚款；对直接负责的主管人员和其他直接责任人员处1万元以上5万元以下的罚款；给他人造成损失的，依法承担赔偿责任。

第六十条 违反本条例规定，侵占、截留、挪用征地补偿和移民安置资金、水库移民后期扶持资金的，责令退赔，并处侵占、截留、挪用资金额3倍以下的罚款，对直接负责的主管人员和其他责任人员依法给予行政处分；构成犯罪的，依法追究有关责任人员的刑事责任。

第六十一条 违反本条例规定，拖延搬迁或者拒迁的，当地人民政府或者其移民管理机构可以申请人民法院强制执行；违反治安管理法律、法规的，依法给予治安管理处罚；构成犯罪的，依法追究有关责任人员的刑事责任。

第八章 附 则

第六十二条 长江三峡工程的移民工作，依照《长江三峡工程建设移民条例》执行。

南水北调工程的征地补偿和移民安置工作，依照本条例执行。但是，南水北调工程中线、东线一期工程的移民安置规划的编制审批，依照国务院的规定执行。

第六十三条 本条例自2006年9月1日起施行。1991年2月15日国务院发布的《大中型水利水电工程建设征地补偿和移民安置条例》同时废止。

实用工具

1. 农村土地承包操作流程图

本集体经济组织成员的村民会议选举产生承包工作小组

↓

承包工作小组依照法律、法规的规定拟订并公布承包方案

↓

依法召开本集体经济组织成员的村民会议，讨论通过承包方案

↓

公开并组织实施承包方案

↓

村小组分别对每块田进行确权，并将地块名称、面积、等级、地类、基本农田、四至以及共有人情况等填写清楚，并由村小组干部和农户签名确认

↓

发包方根据确权表填写农村土地承包合同，并由发包方负责人、农户和鉴证单位签名盖章确认

↓

根据签订的承包合同填写农村土地承包经营权证，并由县农业行政主管部门审核无误后盖章

↓

编制农村土地承包基本情况汇总表，发放农村土地承包经营权证，并由农户在基本情况汇总表上签名领取

2. 农村土地承包经营权流转流程图

土地承包经营权流转流程	承办单位
土地流出、流入方	
向村、组或镇土地流转交易服务中心申请	村信息员
组织调查、审核、登记	镇、村、组
土地流转信息发布	市、镇交易服务中心
价格评估、组织洽谈	镇、村
流转合同签订、鉴证	镇、村
土地流转资料立卷、归档	市、镇交易服务中心

3.农村土地承包纠纷仲裁流程图

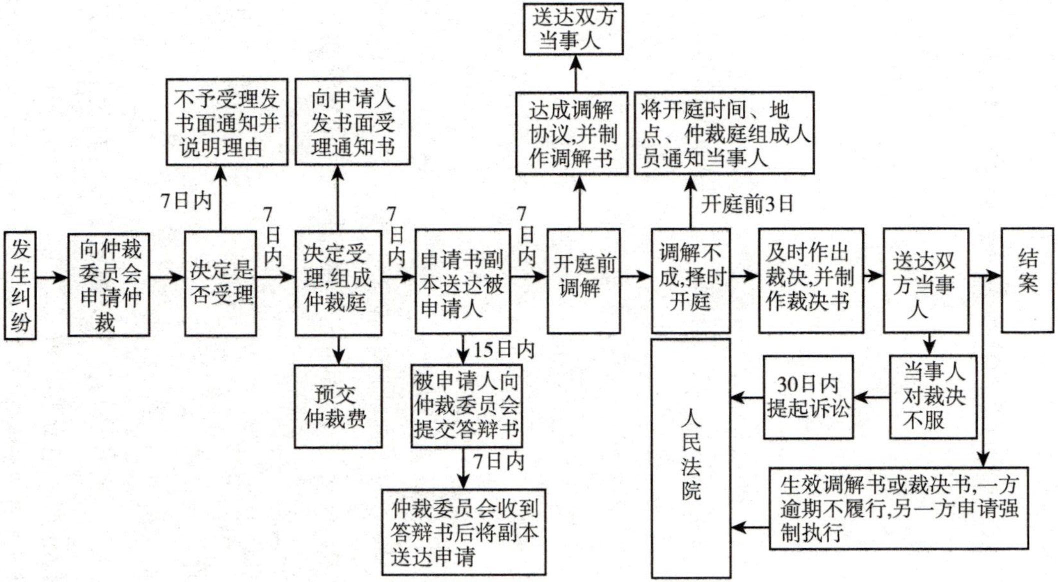

4. 土地联产经营承包合同(参考文本)

订立合同双方:

____县________乡________村________组,以下简称甲方。

承包户主__________,以下简称乙方。

为了落实联产承包责任制,充分调动农民的生产积极性,明确甲乙双方的权利义务,根据中央(83)、(84)一号文件精神,经村民大会讨论同意和甲乙双方充分协商,特订立本合同,以便双方共同遵守。

第一条　承包土地的面积、地点、等级

甲方将______亩土地(田)发包给乙方,该土地位于________,东至________,西至________,南至________,北至________。其中,一等地______亩,二等地______亩,三等地______亩,四等地______亩,______。承包土地的所有权属于集体,乙方只有土地使用权,不得买卖、出租、荒芜,不准转作宅基地和构筑其他建筑物。

第二条　承包期限

承包时间共______年,从______年____月____日起,至______年____月____日止。

第三条　乙方的权利义务

1. 乙方有权获得国家下拨用于发展农业生产的化肥、农药、良种、贷款指标和其他农业物资。

2. 乙方必须完成上级下达的种植计划,在完成种植计划的前提下,可以自己决定种植经营。

3. 乙方必须完成按土地亩数摊派的统购指标任务和上缴农业税

的任务，每年向国家交售______斤______，______斤______，______斤______，______。交售时间是______。每年向国家缴纳农业税______元，纳税时间是______。乙方必须每年向甲方上交公积金______元，公益金______元，管理费______元，上交时间为每年的____月____日以前。乙方必须完成甲方按承包土地亩数摊派的义务工日，或上交按义务工日折价的金额。

4. 乙方经甲方同意，可以自找对象转包土地，可以与转承包户协商，平价购买生活用粮。土地转包后，转包户必须承担原由乙方承担的所有统购任务和缴纳农业税任务，承担向甲方上交“三全”和完成义务工任务。

5. 乙方如遇生（不能违背计划生育规定）、死、嫁、娶，承包土地一般不变动但必须按规定调整所承担的义务。乙方如因劳动力减少无法继续承包土地又无人愿转承包时，可向甲方提出退回承包土地的一部或全部，由甲方另行统一安排。乙方对国家、集体承担的义务相应减少或免除。

6. 乙方有责任保护承包土地上的林木、排灌、通电等国家或集体设施。

第四条　甲方的权利义务

1. 甲方有权监督乙方完成国家下达的种植计划、统购任务和纳税任务，有权敦促乙方完成对集体的义务。

2. 国家按计划分配用于农业生产的化肥、农药、良种、贷款指标和其他农用物资，甲方应及时按承包土地的数量和等级分配给乙方。

3. 甲方应定期公布集体财务账目和公积金、公益金、管理费的使用情况，必须接受乙方的监督检查。

第五条　违约责任

1. 乙方如不按时履行对国家和集体的事务，除应继续履行外，还应按迟延项目价值的____%，向甲方偿付违约金。乙方如仍然拒不履行义务的，甲方除可请求有关部门处理外，有权收回乙方承包的土地。

2. 乙方如荒芜承包的土地，除应履行对国家、集体的一切义务外，甲方有权收回土地。乙方如果擅自出卖和租让承包的土地，甲方可宣布买卖与租让关系无效，并可收回土地。乙方如果在承包的土地上建房，甲方有权责令乙方拆除。乙方如果毁坏承包土地上的树木和集体设施，应照价（毁坏树木折价）赔偿。

3. 甲方如不及时拨给乙方国家分配的化肥、农药、良种、贷款指标和其他农用物资，应按其价值的____%，向乙方偿付违约金，并应如数补发所欠物资。

第六条　不可抗力

乙方如因不可抗力的自然灾害，造成承包土地内农作物的减产或绝产，经调查核实后，可根据实际情况减少或免除乙方对国家或集体的义务。

第七条　其他：______。

本合同从承包期开始之日起生效。承包期内，承包户主如去世，其家庭成员有承包继承权。本合同不因甲方代表人的变更而变更。合同执行期间，任何一方不得擅自变更或解除合同；合同如有未尽事宜，应由甲乙双方共同协商，作出补充规定。

补充规定与本合同具有同等效力。

本合同正本一式二份，甲乙双方各执一份；合同副本一式____份，送村委员（如经公证或鉴证，还应送公证或鉴证机关）______各留存一份。

甲　方（盖章）：______　乙方户主（签字）：______

代表人（签字）：______

________年____月____日　________年____月____日

5. 农村土地承包经营权转让合同(参考文本)

转让方(以下简称甲方):________

受让方(以下简称乙方):________

甲乙双方依据《中华人民共和国农村土地承包法》等有关法律、法规和国家有关政策的规定,本着平等、自愿、有偿的原则,就土地承包经营权转让事宜协商一致,订立本合同。

一、转让标的

甲方将其承包经营的________乡(镇)________村________组________亩土地(地块名称、等级、四至、土地用途附后)的承包经营权转让给乙方从事________(主营项目)生产经营。

二、转让期限

转让的土地承包经营权年限为______年,即自______年____月____日起至______年____月____日止。

三、转让价格

转让的土地承包经营权的转让金为______元人民币。甲方承包经营相关地块时对该地块实际投入资金和人力改造的,可收取合理的补偿金。本合同的补偿金为______元(没有补偿金时可填写为零元)。两项合计总金额为______元人民币。

四、支付方式和时间

乙方采取下列第______种方式和时间支付转让金和补偿金:

1. 现金方式(一次或分次)支付转让金和补偿金(无补偿金时可

划去），支付的时间为________。

2. 实物方式（一次或分次）支付转让金和补偿金（无补偿金时可划去），实物为________（具体内容见附件）。时间为________。

五、土地承包经营权的交付时间和方式

甲方应于______年____月____日前将转让承包经营权的土地交付乙方。

交付方式为________或实地一次性全部交付。

六、承包经营权转让和使用的特别约定

1. 转让土地承包经营权必须经发包方同意，并由甲方办理有关手续，在合同生效后甲方终止与发包方的承包关系。

2. 甲方交付的承包经营土地必须符合双方约定的标准。

3. 乙方必须与发包方确立新的承包关系，变更土地经营权证书，签订新的土地承包经营合同，方能获得土地承包经营权。

4. 乙方获得土地承包经营权后，依法享有该土地的使用、收益、自主组织生产经营和产品处置权。

5. 乙方必须按土地亩数承担农业税费和国家政策规定的其他义务。

6. 乙方必须依法保护和合理利用土地，不得掠夺性经营，不得给土地造成永久性损害，并负责保护好承包土地上的林木、排灌设施等国家和集体财产。

7. 乙方不得改变土地的农业用途，不得用于非农建设。

8. 其他约定：__________。

七、违约责任

1. 甲乙双方在合同生效后应本着诚信的原则严格履行合同义务。如一方当事人违约，应向守约一方支付违约金。违约金的数额为__________。

2. 如果违约金尚不足以弥补守约方经济损失时，违约方应在违约金之外增加支付赔偿金。赔偿金的数额依具体损失情况由甲乙双方协商或土地承包仲裁机构裁决,也可由人民法院判决。

八、争议条款

因本合同的订立、效力、履行、变更及解除等发生争议时,甲乙双方应协商解决,协商不成的按下列第____种方式解决:

1. 提请村民委员会、乡(镇)人民政府、农村土地承包管理机关调解;

2. 提请________仲裁委员会仲裁;

3. 向有管辖权的人民法院提起诉讼。

九、生效条件

甲乙双方约定,本合同须经双方签字、发包方同意并经________乡(镇)政府农村经营管理机构备案(或鉴证)后生效。

十、其他条款

本合同未尽事宜,可经双方协商一致签订补充协议。补充协议与本合同具有同等效力。

本合同一式四份,由甲乙双方、发包方和鉴证、备案单位各执一份。

甲方代表人
(签章):________
身份证号:________
住址:____________
________年____月____日
发包方(签章):________
法定代表人身份证号:________
________年____月____日

乙方代表人
(签章):________
身份证号:________
住址:____________
________年____月____日
鉴证单位(签章):________
________年____月____日

图书在版编目(CIP)数据

中华人民共和国农村土地承包法 : 实用问题版 : 升级增订版 / 法律出版社大众出版编委会编. -- 3 版. -- 北京 : 法律出版社, 2019(2020.11 重印)
(法律单行本实用问题版系列)
ISBN 978-7-5197-3072-7

Ⅰ. ①中… Ⅱ. ①法… Ⅲ. ①农村土地承包法-中国-问题解答 Ⅳ. ①D922.325

中国版本图书馆 CIP 数据核字(2019)第 012444 号

中华人民共和国农村土地承包法:实用问题版(升级增订 2 版)
ZHONGHUA RENMIN GONGHEGUO NONGCUN TUDI CHENGBAOFA:SHIYONG WENTI BAN (SHENGJI ZENGDING ER BAN)

法律出版社大众出版编委会/编

策划编辑 朱海波
责任编辑 朱海波
装帧设计 汪奇峰

出版 法律出版社
总发行 中国法律图书有限公司
经销 新华书店
印刷 固安华明印业有限公司
责任校对 马 丽
责任印制 吕亚莉
编辑统筹 法律应用出版分社
开本 A5
印张 7.125
字数 220 千
版本 2019 年 2 月第 1 版
印次 2020 年 11 月第 4 次印刷

法律出版社/北京市丰台区莲花池西里 7 号(100073)
网址/www.lawpress.com.cn
投稿邮箱/info@lawpress.com.cn
举报维权邮箱/jbwq@lawpress.com.cn
销售热线/400-660-8393
咨询电话/010-63939796

中国法律图书有限公司/北京市丰台区莲花池西里 7 号(100073)
全国各地中法图分、子公司销售电话:
统一销售客服/400-660-8393/6393
第一法律书店/010-83938432/8433
西安分公司/029-85330678
重庆分公司/023-67453036
上海分公司/021-62071639/1636
深圳分公司/0755-83072995

书号:ISBN 978-7-5197-3072-7
定价:20.00 元